KB178600

나를 증명하라

나를 증명하라
골드칼라의 시대

2017년 7월 25일 초판 1쇄 발행

지은이 조연심
펴낸이 김남길
펴낸곳 프레너미
디자인 페이퍼마임
등록번호 제387-251002015000054호
등록일자 2015년 6월 22일
주소 경기도 부천시 원미구 계남로 144, 532동 1301호
전화 070-8817-5359
팩스 02-6919-1444

나를 증명하라
골드칼라의 시대

조연심 지음

프레너미
FRENEMY PUBLISHING

CONTENTS

3장 나라는 브랜드를 증명하는 법

4장 골드칼라로 살아가기 위해 필요한 것들

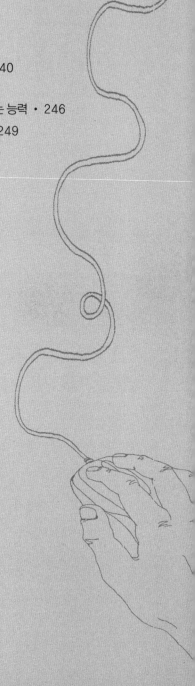

자신의 나침반과 지도를 마련할 때

대학 졸업과 동시에 결혼과 출산을 하며 이른바 전업주부로 살았다. 나이 서른에 학습지 교사로 사회생활을 시작해 교사 출신 1호 지국장, 국장을 거쳐 YBM 시사주니어 최연소 본부장을 역임하며 영업관리에 탁월한 성과를 냈다.

이 책의 저자인 나, 조연심의 이야기다. 졸업 직후 결혼, 출산, 육아를 거쳐 나이 서른에 출사표를 던진 나는 비교적 취업 문턱이 낮은 학습지교사로 첫 직장생활을 시작했다. 평생 직장생활을 할 거라고 생각했지만 이직을 거듭하다 마흔 즈음 다시 혼자가 되었다. 아무도 나를 고용하지 않았다. 해마다 신제품을 만들어야 했기에 1년에 한 권씩 책을 쓰며 혹독한 과정을 견뎌낸 지 올해로 8년째이며, 지금 여덟 번째 책을 쓰고 있다.

이제 나는 여성가족부와 한국양성평등교육진흥원에 자문을 하고, 의뢰 받은 강의를 하고, 멘토와 멘티가 만나는 다양한 네트워크 행사에서 진행을 맡는다. 그때그때 다른 계약조건을 적용하면서 말이다. 내가 만든 직업인 이른바 '지식소통가'가 되어 일하고 싶을 때 일하고 쉬고 싶을 때 쉬면서 작가로, 강사로, 진행자로, CEO로, 기획자로 살고 있다.

"내가 대학을 졸업할 때는 일자리를 찾았다. 그러나 너희들이 대학을 졸업할 때는 일을 직접 만들어야 한다."

칼럼니스트이자 베스트셀러 작가인 토머스 프리드먼(Thomas Friedman)이 그의 딸들에게 한 말이다. 일자리를 찾기가 수월하지 않은 것은 우리나라뿐 아니라 대다수 나라에서 겪고 있는 문제인 것이다.

"앞으로 프리랜서로 일하는 사람이 40퍼센트에 이를 것이다. 우리가 5년 후, 10년 후에 무엇을 해야 전망이 좋을까? 그리고 그것을 위해 지금 무엇을 준비해야 할까? 여러분이 5년 전에 생각했고 지금 하는 일을 생각해 보자. 5년 후 여러분 자신은 지금 무엇을 하라고 이야기할까?"

미래학자 토머스 프레이(Thomas frey)는 앞으로는 기업 내부에 고용되기보다는 기업 외부에서 계약관계로 일하는 사람이 늘어날 것이라고 말한다. 이는 프리랜서나 비정규직 파트타이머로 일하는 게 지금보다 일반적일 것이라는 말이기도 하다.

우리의 끝은 결국 두 갈래 중 하나다. 고용되거나 계약되거나. 어떤 이유에서건 우리는 직원으로 고용되어 시키는 일을 하거나 사장이 되어 직원을 고용하여 일을 시키며 살게 된다. 물론 나이 들수록, 실력이 출중해질수록 고용되기보다는 고용하며 살아갈 확률이 높아진다. 누구나 그 일의 끝에는 사장이 된다는 말이다. 아니면 계약관계로 어떤 일을 하고 언제까지 일을 할지 책임을 지며 살게 된다.

그 과정에서 진정한 나로 살기 위해서는 수많은 시행착오를 견뎌야 한다. 고용이든 계약이든 중요한 것은 누군가로부터 선택을 받는다는 점이다. 일을 한다는 것은 결국 선택의 문제다. 내 시간이나 기술, 내가 만든 상품이나 서비스를 누군가 선택할 만한 가치 있는 것으로 만드는 게 중요하다. 내가 상대방을 선택하는 기준이 까다로운 것처럼 상대방도 그들이 정한 기준에 따라 함께 일할 사람들을 선택한다. 그 형태가 고용인가 계약인가만 다를 뿐이다.

나는 이 책에서 우리 할아버지나 아버지 세대가 경험해보지 못한 세상을 살아나갈 당신을 위해 가지 않은 길, 스스로의 길을 만드는 방법을 보여주려고 한다.

4차 산업혁명 시대에는 블루칼라나 화이트칼라가 활약했던 시대와는 다른 방식, 즉 골드칼라가 되어야 살아남을 수 있다. 앞으로 나는 골드칼라가 무엇인지, 왜 골드칼라가 되어야 하는지, 골드칼라는 어떻게 일하는지, 골드칼라가 되기 위한 역량은 무엇이며, 그 역량은 어떻게 배우고 익힐 수 있는지를 상세하게 설명할 것이다. 18,19세기 산업혁명 시대의 단순육체노동자인 블루칼라, 20세기 정보화사회의 정신노동자인 화이트칼라를 지나 21세기 지식창조사회와 초연결사회의 아이디어 노동자인 골드칼라로 살아남는 해법을 알려줄 것이다.

우리는 행복해지기 위해 살아간다. 내가 생각하는 행복은 자신이 가장 잘하는 분야에서 최선을 다하며 삶을 여행처럼 즐기는 것이다. 자신의 삶을 주도적으로 산다는 것은 자기 인생의 주인으로 산다는 말이다. 시키지 않아도 내가 알아서 하는 일에 얼마나 많은 가치와 가능성이 담기는지 모르는 사람은 없을 것이다. 내가 꿈꾸는 대로 살 수 있다고 상상만 해도 가슴 뛰지 않는가?

골드칼라로 살아간다는 것은 일과 삶 모두를 포기하지 않고도 행복하게 살아갈 수 있는 이유와 방법을 증명하는 것일지도 모른다. 이제 누군가 정해 놓은 정답지를 내려 놓고 나 자신의 나침반과 지도를 마련할 때다.

1장

4차 산업혁명과 인재혁명

집에 불이 난 다음에 화재보험을 들 수 없듯이
4차 산업혁명의 대변혁이 일어난 후 이를 준비할 수는 없다.

– 로버트 쉴러(2013년 노벨 경제학상 수상자)

4차 산업혁명이 요구하는
새로운 인재상

산업혁명 이전에는 대부분의 사람들이 농사를 지으며 자급자족과 물물교환으로 경제활동을 했다. 이 시절에는 어떤 인재가 인정받았을까? 농사는 몸으로 하는 일이니 팔다리 힘이 좋아야 하고, 몸을 쓰는 일에는 여자보다는 남자가 유리했을 테니 농업사회에서 남자는 태어나면서부터 인재로 인정받을 수 있었다.

시대가 변하면 그 시대가 원하는 인재상도 바뀐다. 18세기 중반 증기기관과 함께 1차 산업혁명이 본격적으로 시작되었다. 그 후 여러 차례의 산업혁명을 거치면서 시대에 필요한 인재상 또한 달라졌다.

블루칼라에서 화이트칼라로

1차 산업혁명은 강철이라는 새로운 소재의 활용, 석탄과 증기기관 같은 동력원의 사용, 방적기나 역직기 같은 기계의 발명, 공장제라는 노동분업체계의 발전, 증기기관차나 증기선과 같은 운송 및 통신수단의 발전 등 다양한 변화를 동반하며 진행되었다.

이 시대에는 단순 육체노동을 하는 푸른색 작업복 차림의 블루칼라(Blue Collar)가 일자리 대부분을 차지했다. 대량생산이 곧 부(富)의 상징이었고, 토지 · 노동력 · 자본이 부의 핵심요소가 되는 시대였다. 이 시대에는 자격이나 전문능력이 아닌 성실성 하나만 있으면 얼마든지 생산성을 인정받을 수 있었다. 우리의 할아버지와 아버지 세대 대다수는 40년 가까이 평생직장이라고 불리는 공장에서 블루칼라로 열심히 일하면 노후를 보장받을 수 있었다.

2차 산업혁명은 1870년 전기를 이용한 대량생산이 본격화되면서 시작되었다. 이후로 단순한 생산을 넘어 비용절감, 관리의 효율성, 생산성 향상 외에도 사람들을 조직화하기 위한 다양한 방법이 고안되었다. 2차 산업혁명에서 활약한 인재는 매뉴얼과 프로세스, 규칙을 만들어내는 고도의 정신노동을 하는 사람들, 이른바 화이트칼라(White Collar)였다.

화이트칼라는 그 분야의 전문성을 증명해줄 자격증을 무기로 공장이 아닌 빌딩 속 사무실에서 하얀색 와이셔츠를 입고 근무하는 사람들이었다. 자격증 하나만 있으면 평생 먹고 사는 데 충분한 시대였다. 대신 화이트칼라는 사회의 부를 거머쥔 지배계층과 밀접한 관계를 유지하며 생산성과 직결된 능력의 소유자라는 것을 끊임없이 증명할 수 있어야 했다.

20세기 정보화시대를 이끈 3차 산업혁명은 1970년 이후 인터넷과 정보기술에 의한 디지털 혁신으로 시작되었다. 토머스 프리드먼은 이미 《세계는 평평하다》에서 PC의 보급, 오픈소싱, 오프쇼어링, 인터넷 포털과 검색엔진 등 IT기술의 확대와 기술의 융합으로 세상이 어떻게 변화할지 예견한 바 있다. 이러한 변화에 편승한 암기천재들은 인터넷과 정보기술을 활용하여 자신의 분야에서 필요한 지식들을 만들어내는 데 열중했다.

현대 경영이론의 창시자인 피터 드러커(Peter Drucker)는 지식사회에서 부를 창조하는 중심적 활동이 자본의 배분이나 노동의 투입이 아닌 지식을 배분하고 적용하는 활동으로 바뀌었으며, 이런 사회에서는 지식노동자의 역할이 중요하다고 말했다. 이때 지식은 단순하게 앎의 정도를 높이는 수준을 넘어 경영의 차원에서 이윤을 남길 수 있느냐 못 남기느냐에 따라 명확한 평가를 받는다. 즉 행동을 하는 데 효과가 있는 정보, 결과에 초점을 맞춘 정보가 지식이다.

3차 산업혁명에서 이익을 얻은 계층은 자격증을 획득한 화이트칼라였다. 지식경제사회가 되면서 산업시대에는 그다지 인정받지 못하던 변호사, 회계사, 건축가, 그래픽디자이너, 경영컨설턴트, 광고에이전트 등 각종 서비스 직군이 전문 서비스회사의 형태를 갖추며 기득권 세력에 편입하게 된다. 이때까지도 사람들은 어딘가에 소속되어 시키는 일을 하는 사람들이 대부분이었고, 전문가와 소규모 회사는 대기업이나 공공기관에서 하청을 받아 외주계약 형태로 일을 수행했다.

인터넷으로 연결되어 있다고 해도 정보나 지식을 만들어내는 사람들은 자격을 갖춘 소수였고, 대다수의 사람들은 한정된 채널을 통해 일방적으로 정보를 받아들이는 형식이었다. 물론 부는 지식이나 정보를 생산해내는 사람들에게 집중되었다.

노동시장에서 길 잃은 화이트칼라, 골드칼라로 변신해야

증기기관(1차 산업혁명), 전기를 이용한 대량생산(2차 산업혁명), 인터넷과 정보기술(3차 산업혁명)에 이어 인류는 빠른 속도로 네 번째 산업혁명을 맞이했다.

4차 산업혁명은 인공지능, 메카트로닉스, 사물인터넷(IoT), 3D 프린팅, 나노기술, 바이오기술, 신소재기술, 에너지 저장기술, 퀀텀컴퓨팅 등의 기술이 주도한다. 이런 기술을 기반으로 기가(GIGA)인터넷,

클라우드컴퓨팅, 스마트 단말기, 빅데이터, 딥러닝, 드론, 자율주행 자동차 등이 펼칠 물리세계, 디지털세계, 바이오세계가 융합된 모습이 바로 4차 산업혁명이라고 규정할 수 있다.

2016년 4차 산업혁명을 처음 언급한 세계경제포럼의 회장이자 창립자인 클라우스 슈밥(Klaus Schwab)은 4차 산업혁명이 인류에게 가져올 변화에 대해 "우리가 하는 일을 바꾸는 것이 아니라 우리 인류 자체를 바꿀 것"이라고 말했다.

지금까지의 산업혁명이 인간을 보조하는 데 그쳤다면 4차 산업혁명은 인간의 몸과 두뇌, 인간 자체를 겨냥하고 있어 그 파급효과가 우리의 상상을 초월할 것으로 예상된다.

와튼스쿨 경영대 교수인 제레미 리프킨(Jeremy Rifkin)은 《노동의 종말》에서 "첨단기술과 정보화 사회, 경영혁신은 인간의 삶을 풍족하게 만드는 것이 아니라 오히려 일자리를 사라지게 만들 것이다"라고 예견했다. 4차 산업혁명으로 인해 그가 예견한 미래가 앞당겨지고 있다.

산업 지형이 빠른 속도로 변화하는 가운데 2020년까지 500만 개의 일자리가 사라지고, 2025년까지 일자리의 3분의 1이 소프트웨어나 로봇으로 대체될 것이라는 전망이 나오고 있다. 블루칼라가 종사하는 제조 분야뿐 아니라 화이트칼라가 수행하는 업무 역시 로봇에 의해 대체될 것으로 예측되고 있다.

기술 발전으로 인한 일자리 감소는 그다지 먼 미래의 일이 아니다. 실제로 캘리포니아대학 샌프란시스코 캠퍼스 내 약국에서는 로봇 약사가 실수 없이 약을 조제하고 있으며, IBM의 인공지능 시스템인 왓슨(Watson)은 전략 문서와 회의 내용을 요약하여 최고위 임원들에게 경영조언을 해주고 있다.

영원해 보이던 전문 서비스회사까지도 더 똑똑하고 더 성실하고 더 저렴하게 일하는 디지털 기술에 밀려나게 될 것이라는 뜻이다. 원하든 원하지 않든 모두에게 다가올 미래다.

바뀐 세상에서는 바뀐 방식을 주도할 새로운 노동자가 필요하다. 학력과 경력이 중요하던 2, 3차 산업혁명까지는 대기업에 입사해 화이트칼라가 되면 어느 정도의 성공이 보장되었다. 그러나 온라인을 통해 공유되는 누구나 아는 뻔한 단순 지식이나 검색하면 나오는 전문지식을 달달 암기하는 방식으로는 앞으로 경쟁력 있는 일자리를 차지하지 못한다. 이제는 전문지식을 바탕으로 번뜩이는 아이디어로 승부하는 아이디어 노동자, 골드칼라(Gold Collar)가 부각될 것이다.

누가 골드칼라인지, 골드칼라가 블루칼라나 화이트칼라와 어떻게 다른 계층인지에 대해서 다음 절에서 자세하게 살펴보겠지만 분명한 사실은 골드칼라가 일하는 방식은 일과 삶의 균형을 원하는 사람들에게 가장 적합하다는 것이다.

이들에게는 언제 어디서 어떻게 일할지 선택의 자유가 주어진다. 즉 일할 땐 일하고 놀 땐 노는 자유를 즐기며 자신의 결과물(재능, 기술,

서비스, 상품, 네트워크 등)을 다양한 포트폴리오로 만들어 보다 많은 사람들에게 판매하면서 사는 것이다.

결국 개인의 역량과 창의력이 극대화된 골드칼라로 살아가기 위해서는 내가 누구이고, 어떤 사람이 될 것이며, 무슨 일을 가장 잘하고, 앞으로 언제까지 무엇을 해낼 것인지를 증명해 보여야 한다. 그렇게 찾은 자신의 정체성, 즉 아이덴티티를 바탕으로 자신을 시장에서 거래 가능한 상품으로 포장하고 온라인으로 연결된 세상에서 잘 팔아야 하는 시대다.

2013년 노벨 경제학상을 수상한 예일대의 로버트 쉴러(Robert Shiller) 교수는 "집에 불이 난 다음에 화재보험을 들 수 없듯이 4차 산업혁명의 대변혁이 일어난 후 이를 준비할 수는 없다"고 했다. 그러니까 4차 산업혁명은 준비된 사람에게는 분명 기회이나 팔로워에게는 엄청난 위협이 된다는 말이다. 당신은 바뀐 세상을 주도할 인재로 거듭날 준비가 되었는가?

새로운 능력자,
골드칼라의 출현

"무슨 일 하세요?"

"회사 다닙니다."

"무슨 일 하세요?"

"회계부서에 있습니다."

"무슨 일 하세요?"

"부장입니다."

현재 다니고 있는 회사, 직무, 직급만으로 자신을 증명할 수 있는 시대가 있었다. 물론 이 방법은 아직까지도 일부 사람들에게 통하는 자기소개법이다.

앞으로 올 시대에는 어디에 속하는 것도, 주어진 일을 하는 것도 쉽지 않아 보인다. 그런 세상에서 일자리가 아닌 스스로 일거리를 만들어가는 사람들, 어딘가에 속해 있지 않아도 얼마든지 자신이 좋아하고 하고 싶은 일을 하는 사람들이 있다. 언제든 마음만 먹으면 어디서든 일을 시작할 수 있는 사람들, 바로 디지털 노마드인 골드칼라이다.

골드칼라는 일할 때 입는 푸른색 작업복과 흰 셔츠에서 유래한 블루칼라나 화이트칼라와 달리 금처럼 반짝이는 아이디어와 창의력을 갖춰야 한다는 의미에서 나온 말이다. 골드칼라는 1985년 카네기 멜론대학 로버트 켈리(Robert Kelly) 교수의 저서 《골드칼라 노동자(Gold Collar Worker)》에서 처음으로 언급되었다.

블루칼라의 무기는 육체적인 노동력이고, 화이트칼라의 무기는 학력·경력·자격증이듯 골드칼라의 무기는 기발한 아이디어와 창조적 사고다. 골드칼라는 정보통신, 금융, 광고, 서비스, 첨단기술 분야에서 새로운 가치를 창조하는 전문직 종사자들이다. 대표적 인물로는 MS의 창업자 빌 게이츠와 영화감독 스티븐 스필버그를 들 수 있다.

나는 골드칼라를 더 이상 로버트 켈리 교수가 처음으로 정의했던 '아이디어로 일하는 사람들'에 국한할 수 없다고 생각한다. 이제는 현재보다 '더 나은 것'을 추구하며 살아가야 하는 현대인 모두가 골드칼라 노동자로 살아야 한다. 그리고 골드칼라가 되기 위해서는 자신의 일을 다양한 아이템으로 포트폴리오화하고 그 과정과 결과를 온라인을 통해 연결할 수 있어야 하며, 언제나 주위에 함께 일할 협력자와 파트너가 존재해야 한다.

누가 골드칼라인가

이 책을 쓰는 동안 만난 사람들이 골드칼라로 사는 사람이 누구인지를 물었다. 하지만 딱히 누구라고 규정짓기 어려웠다. 자신의 인생 전체를 골드칼라의 방식대로 살아낸 사람이 존재하지 않기 때문이다. 때로는 블루칼라로, 때로는 화이트칼라로, 때로는 골드칼라로 살아가는 것이 우리 인생이다. 다만 시대가 우리에게 블루칼라나 화이트칼라보다는 골드칼라가 되어 급변하는 삶을 살아가라고 요청하고 있음을 이해하면 된다.

첫 직장을 다니는 동안에는 대부분의 사람들이 단순한 업무를 반복하는 블루칼라로 살게 된다. 그러다 그 분야에 필요한 지식을 습득하고 다양한 경험이 더해지면서 수많은 문제들을 해결할 수 있는 화이트칼라의 삶으로 바뀌게 된다. 그러고 나면 결국은 그 일을 잘하는지 못하는지를 넘어 어떻게 하면 더 낫게 할 수 있을지의 문제가 남는다.

조금 더 쉽고 편하게 일할 수 없을까, 조금 더 아름답게 만들 수 없을까, 조금 더 싸게 만들 수 없을까에 대한 논의에는 끝이 없다. 기득권은 언제든 지금보다 더 나은 것을 만들어내는 사람들에게 넘어가게 마련이다. 결국 '조금 더 나은 삶'의 가치를 구현하며 사는 사람들은 끊임없이 고민하고 실험하고 검증하고 정리하면서 자신의 분야에서 살아남기 위해 몸부림친다. 그렇게 사는 사람들이 바로 골드칼라이다.

은행에 자동화기기(ATM)가 도입되면서 주로 입출금 업무를 하던 창구 직원들이 고객 서비스와 금융 자문 업무를 하게 된 것처럼 산업시대에서 정보화시대를 지나 지식서비스시대로 넘어오면서 노동의 형태가 바뀌고 있다. 새로운 기술이 들어서면 기계에게 일자리를 뺏길 것이라는 부정적인 관점으로 미래를 바라볼 수도 있지만 관점을 바꿔 인간이 보다 생산적인 일을 하게 되었다고 생각하며 변화를 자연스럽게 받아들일 수도 있다.

우리의 시각, 즉 관점을 바꾸면 얼마든지 원하는 삶을 살 수 있다. 지금 내 모습은 이제껏 배워온 것들의 결과물이다. 그러므로 앞으로 무엇을 배우고 어떤 태도로 살아가느냐에 따라 미래에는 지금과 다른 모습이 될 수 있다. 무엇을 원하든 말이다.

많은 사람들이 먹고 살기 위해 일한다고 말한다. 돈을 벌기 위해 무슨 일을 할지 무엇을 어떻게 배울지 선택해온 것이다. 자본주의의 모토는 '더 많은 사람들의 필요를 채워줄수록 나는 더 바람직한 인간이 된다'라고 할 수 있다. 베풀고 나눌 수 있는 관대한 마음가짐이 일자리를 창출하는 커다란 부의 근간이라는 뜻이다.

누가 기회와 부를 창출하는가

미국 대통령 도널드 트럼프가 2004년부터 10년 넘게 호스트로 출연한 서바이벌 리얼리티 TV쇼 〈어프렌티스(The Apprentice, 견습생)〉는 최종 우승자가 트럼프 기업의 계열사에서 연봉 25만 달러를 받고 1년간 일할 기회를 얻는 프로그램이다(2017년부터는 아놀드 슈워제네거가 진행을 맡고 있다).

이 프로그램을 통해 우리는 '어떻게 배우는가'에 따라 '어떻게 돈을 버는지'를 알 수 있다. 또한 어떤 사람이 돈을 많이 벌어 부자가 될 수 있는지 알 수 있기도 하다.

이 프로그램에 참가한 견습생들(노동자)을 블루칼라, 화이트칼라, 골드칼라로 나누어 이들이 어떻게 배우는지를 확인해보자.

블루칼라 견습생

이들은 대량 고용이 가능한 산업시대에 적합한 단순 육체노동자로서 단순한 기술(skill)이나 기구, 도구를 사용하기 위한 프로세스만을 배우게 된다. 이들이 하는 일은 특별한 지식이나 기술이 필요 없는 단순 반복적인 것이며, 조금만 노력하면 누구나 배울 수 있는 것이다 보니 노동의 대가가 낮게 책정된다.

적게 벌고 적게 쓰면서 삶에 만족하는 경향이 있다. 돈을 벌기 위해 일하지만 가난하게 살 수밖에 없는 것 또한 현실이다. 새로운 분야의 기술이나 도구 사용법도 간단한 정도만 배우기 때문에 임금 수준이 좀처럼 높아지지 않고 삶의 질 또한 낮아질 수밖에 없다.

화이트칼라 견습생

정보화사회에서 유능한 선생님에게 암기 위주로 공부하고, 정해진 매뉴얼대로 자격증을 취득하고, 기존 성공방식을 그대로 답습하며 사는 정신노동자들이다. 고소득 일자리를 얻으려면 자격증이나 석박사 학위가 중요하다.

많이 버는 만큼 많이 쓰며 살다 보니 일자리를 잃지 않으려고 점점 더 많은 시간을 일에 몰두하게 된다. 세금, 주택 융자금, 자동차 할부금, 신용카드 사용액, 생활비, 학자금 대출, 퇴직연금 등과 관련된 높은 지출은 일에서 벗어나지 못하게 하는 족쇄가 된다.

화이트칼라 노동자는 일을 중단하면 수입이 끊기기 때문에 일자리를 잃을까봐 전전긍긍하며 살다 보니 이들 중 40대에 과로사하는 경우가 많다. 이들 견습생은 얼마든지 새로운 분야나 유망한 영역에 돌진할 준비가 되어 있지만 스스로 공부하는 방법을 알지 못한다.

골드칼라 견습생

지식창조와 초연결시대에 적합한 다양한 아이디어를 바탕으로 자신만의 확실한 역량을 발휘해 생각지도 못한 결과를 만들어내는 아이디어 노동자들이다. 이들은 자신의 분야에 대한 깊이 있는 지식을 토대로 실전 경험을 쌓았으며 스스로 배울 줄 안다. 이들은 '연습이 완벽을 만든다'는 자세로 주로 서비스 분야에서 눈부신 활약을 하며 다양한 방식으로 자신의 재능과 아이디어를 접목하고, 다른 사람들과의 네트워크를 활용하여 스스로의 삶을 주도적으로 설계하며 살아간다.

이들은 돈을 위해 일하지 않는다. 고임금을 받는 만큼 그에 준하는 책임(장시간 노동과 과도한 책임)을 요구하는 자리보다는 적게 벌더라도 지혜롭게 쓰면서 행복하게 살아갈 수 있는 삶을 추구한다. 이들은 시간당 몸값을 올리기 위한 자신만의 필살기가 있으며 이를 핵심역량으로 끌어올리기 위한 노력을 아끼지 않는다. 자신의 삶에 대한 로드맵을 직접 만들어가며, 때론 무임금으로 자신이 하고 싶은 일에 자연스럽게 연결되면서 새로운 기회를 만들기도 한다. 자아실현을 중시하는 이들의 삶은 풍요로움을 상징하는 금빛, 즉 골드(Gold)와 다르지 않다. 당신은 어떤 유형의 견습생과 닮았는가?

개인이 3D 프린터로 자신이 사용할 제품을 만드는 시대가 열리고 생활의 편익을 도울 다양한 기구나 기술이 나날이 발전할 것이다. 하지만 아무리 기술이 발전하고 누구나 원하는 것을 만들어 쓸 수 있는 시대가 오더라도 기업이나 개인들은 그 일을 가장 잘할 수 있는 곳에 의뢰할 것이다. 컬러레이저프린트가 보편화되었지만 우리는 여전히 브로셔, 카탈로그, 명함 등을 전문업체에 의뢰하고 있지 않은가.

일자리가 없어진다는 말에 좌절하기보다는 내가 잘할 수 있는 일을 최고 수준으로 해내고 동시에 그런 일을 할 수 있다는 것을 온라인으로 알리면 얼마든지 일거리가 이어질 수 있을 것이다. 인터넷으로 연결된 다양한 사람들과의 협업을 통해 새로운 기회를 직접 만들어가는 것 또한 중요하다.

골드칼라 노동자는 자신의 선천적이고 천부적인 재능만 믿고 막연한 기대감으로 먹고 사는 사람과는 확연히 다른 방식으로 배우고 있다. 오히려 후천적인 노력과 경험 그리고 훈련된 재능으로 무장한 아이디어를 가진 지식노동자에 가깝다. 언젠가 되겠지 하는 막연함이 아니라 될 때까지 할 거라는 결연함이 그들을 움직이는 동력이다. 그러니 자신이 잘하는 게 별로 없다고 낙담할 필요가 없다. 하고 싶은 일을 잘할 때까지 얼마든지 배우고 익히면서 시간을 견딜 용기가 있다면 말이다.

골드칼라는
어떻게 일하는가

골드칼라인지 아닌지를 가르는 기준은 바로 '어디에 촛점을 맞추느냐'이다. 골드칼라는 스스로 자신의 삶을 주도적이고 생산적으로 만들어가며 필요한 지식과 기술을 배우는 데 주저하지 않는 사람들이다. 이는 또한 누구든 배우는 방법을 바꾸면 지금과는 다른 삶을 살 수 있다는 말이기도 하다.

지금까지 직장에서 시키는 대로 단순하고 판에 박힌 업무를 수행해 왔다면 당신의 삶은 블루칼라 노동자의 그것과 그리 다르지 않았을 것이다. 대량생산이 가능했던 제조업 기반의 일자리에 종사하던 사람들에게는 성실과 노력, 끈기만으로도 충분했다. 하지만 앞에서도 강조

했듯 이런 일자리의 대부분은 자동화나 아웃소싱으로 사라져가고 있다. 블루칼라의 미래가 막막한 이유이기도 하다.

빌딩을 지을 때 건설 자재와 건물을 지키는 개 한 마리, 그리고 개밥 주는 사람만 있으면 된다는 말이 농담이 아닌 시대가 곧 올 것이다. 고도의 지식으로 무장한 화이트칼라들도 나날이 발전하는 인공지능 로봇과의 경쟁에서 밀려나지 않으려면 자신만의 경쟁력을 갖춰야 한다.

이전에는 자격증 하나만 있으면 평생을 보장받을 수 있었다. 그러나 골드칼라에게 필요한 자격은 단순히 시험을 치르고 얻어낼 수 있는 것이 아니다. 직접 경험하고 실행하며 얻은 지혜와 깊이 있는 관련 지식, 눈부신 아이디어가 더해져 상상할 수 없는 가치를 만들어내는 이들이 바로 골드칼라 노동자다. 이들이 활약하는 일자리 대부분은 지식과 서비스 분야가 될 것이다. 이 분야는 같은 일을 하더라도 더 새롭고, 더 창의적이고, 더 부가가치가 높은 일을 만들어내는 게 가능한 영역이다.

스스로 시스템을 만들어야 살아남는다

수석 졸업생으로 선정되었다는 것은 그 사람이 성적이라는 기준에서 탁월한 성과를 냈다는 의미일 뿐 그 사람이 삶의 이런저런 부침에 어떻게 대응할 수 있는지 말해주지는 못한다.

로버트 기요사키(Robert Kiyosaki)는 《왜 A학생은 C학생 밑에서 일하게 되는가 그리고 왜 B학생은 공무원이 되는가》에서 학생을 A학생, B학생, C학생 세 가지 유형으로 나눈다. A학생은 Academics(학자)의 약자로 공부를 잘하는 수석 졸업생으로 주로 의사나 변호사, 기술자와 같은 전문가가 된다. B학생은 Bureaucrats(관료)의 약자로 시키는 일을 잘하는 성실한 학생들로 주로 공무원이 된다. C학생은 Capitalists(자본가)의 약자로 학교 공부는 못할 수 있지만 도전정신이 뛰어나고 위험을 감수할 줄 알아 주로 자기 사업을 한다.

수석 졸업생들인 A학생은 가장 똑똑하고 총명해 일을 꽤 잘하지만 세상을 바꿀 배짱은 없다. 이들은 자신이 사랑하는 어떤 분야에 전적으로 열정을 쏟아 붓는 법이 없고, 정해진 시스템 안에서 가장 효과적으로 활동하므로 그것을 바꾸고 싶어하지도 않는다.

기요사키가 정의한 A학생은 성공한 화이트칼라의 모습을 대변한다. 내가 사회생활을 하면서 만났던 수많은 화이트칼라 전문가들과 기득권 세력들 역시 세상을 바꾸고 싶어하지 않았다. 약간의 관심과 호기심만으로도 충분했다. 그들은 스스로 정답을 알고 있다고 확신했다. 그렇게 배워왔고, 배운 대로 살아왔다. 그렇게 살아도 불편하지도, 그렇다고 가난하지도 않았다. 오히려 상당수는 권위 있고 영향력 있는 자리에서 다른 사람들에게 인정받으며 풍요롭게 살았다. 그런 사람들의 눈에는 C학생 유형인 내가 불편한 존재로 보였을 거라는 걸 이해하기 전까지 나는 이른바 A학생 유형과의 관계가 거북했다.

A학생 유형에게 끊임없이 변화를 추구하며, 다양한 분야를 넘나들며 이것저것 시도하고 실패하며 배우고 있는 내 모습이 얼마나 어리석게 보였을지 이해된다. 하지만 이제 누구라도 스스로 시스템을 만들며 살아가야 하는 시대가 되었다. 그것은 자신이 사랑하는 분야에 전적으로 열정을 쏟아야 한다는 의미다.

정답이 아닌 스스로 해답을 찾아가야 하는 시대에는 아이디어와 그 아이디어를 실행할 수 있는 핵심역량 그리고 필요한 외부역량을 끌어올 수 있는 아웃소싱 능력을 겸비한 골드칼라가 되어야 한다. 이들은 실수한 경험을 중시하고, 끊임없는 연습과 훈련, 시뮬레이션을 통해 스스로 훈련하며 전문성을 키워간다. 그리고 기회가 왔을 때 완벽한 준비상태로 그 기회를 맞아들이는 법을 안다.

다양한 아이템으로 포트폴리오를 완성하는 사람

직장인이든, 프리랜서든, 사업가이든 앞으로의 지식창조사회에서는 직업을 두 가지 기준으로 나눌 것이다. 가르치거나 배우거나. 일을 잘해서 누군가를 가르칠 수 있을 정도가 되면 그 일은 분명 내 일이 될 수 있다. 그것도 많은 사람들을 대상으로 가르칠 수 있다면 더 많은 돈을 벌 수 있다는 말이다.

하지만 지금 하는 일에 서툴고, 아직 누군가의 도움이 필요하다면 배우고 있는 단계라고 할 수 있다. 직업적 수준이 낮은 위치인 것이다. 배우고 있는 단계의 직업은 때론 유급노동이지만 대다수의 경우 무급노동이다. 무급노동의 대부분은 아마도 무언가를 배우는 시간으로 채워질 것이다. 배우는 동안에는 당연히 높은 보수나 인정을 받기 어렵지만 하고 싶은 일이라면 받아들여야 한다.

나를 책임질 의사와 그럴 역량이 있는 사람이라면 이미 골드칼라의 길을 걷고 있다고 볼 수 있다. 이들은 결과의 불확실성을 감수하고 과감하게 뛰어들어 자신의 영역을 개척해 나간다. 자신의 분야에서 살아남으려면 탁월한 성과를 온라인에 올리고 새로운 기회와 연결하는 방법을 터득해야 한다. 내가 하는 일이 다른 사람들로부터 인정을 받고 선택을 받으려면 반드시 수준 높은 기술과 역량, 탁월한 서비스, 온라인 연결, 눈부신 아이디어를 갖춰야 한다.

문제는 자신의 정체성을 찾지 못한 사람, 직업을 변경하고자 하는데 방법을 모르는 사람, 은퇴에 직면한 사람들이다. 이들은 지금까지 살아왔던 일과 삶의 방식에서 완벽한 변신을 시도해야 한다. 또한 변신에는 긴 시간이 필요하다는 것을 인식해야 한다.

결국 알아도 제대로 할 수 없는 사람들은 다람쥐 쳇바퀴 돌 듯 불안정하고 불투명한 미래를 살아가게 될 것이다. 그 쳇바퀴에서 빠져 나오는 방법은 자신의 일을 포트폴리오화해서 일과 삶의 균형을 통해 스스로 행복을 추구하는 골드칼라가 되는 것이다. 골드칼라는 다양한 포트폴리오를 통해 자신이 하고 싶고, 잘할 수 있는 일을 만들어내고, 그 일로 먹고 사는 것을 해결할 수 있어야 한다.

여기서 포트폴리오라는 단어에 주목해야 한다. 포트폴리오는 다양한 아이템의 묶음이고 그것은 일정한 주제로 묶인 아이템들을 말한다.

주식의 포트폴리오는 투자한 종목을 의미하고, 예술가의 포트폴리오는 그가 얼마나 다양한 재능을 지녔는지 보여주는 결과물이다. 이제 개인도 자신의 재능을 증명할 수 있는 다양한 아이템 포트폴리오를 가져야 하는 시대다. 물론 그 아이템들은 주력 분야와 연관되어 있어야 한다. 중구난방 이것저것 닥치는 대로 하는 사람을 전문가라거나 믿을 만한 사람이라고 평가할 수는 없을 테니 말이다. 골드칼라가 된다는 것은 자신이 원하는 삶을 스스로 포트폴리오로 구성할 수 있는 능력을 갖추는 것이다.

우리는 미래에 하나의 직업이 아닌 여러 개의 직업으로 살게 될 것이고 그에 맞게 스스로 다양한 아이템 포트폴리오를 만들어야 한다. 그것도 직장에 속해 있을 때보다 무소속 프리랜서로 살면서 아무런 안전망 없이 해낼 수 있어야 한다.

다양한 일을 포트폴리오로 만들 수 있어야 원하는 만큼의 돈을 벌 수 있다. 돈을 버는 다양한 방법을 알고 있다는 것은 내가 가진 능력의 한계를 시험해본 사람만이 가질 수 있는 기분 좋은 결과다. 하고 싶은 일이 있다면 무엇이든 도전해보면 된다.

당신이 AI보다 낫다는 것을 증명할 수 있는가

18세기 말에서 19세기 초에 걸쳐 영국에서는 노동자들이 공장을 습격해 방직기계를 파괴하는 러다이트 운동(Luddite Movement)이 일어 났다. 기계의 발달로 실업자가 된 이들이 기계 때문에 일자리를 잃었 다고 생각해 벌어진 일이었다.

4차 산업혁명의 문턱에 들어선 지금 기계가 인간의 일자리를 대 신할 것이라는 불안이 다시 도래하고 있다. 2030년이 되면 당신은 일 자리를 구할 때 인공지능 로봇보다 당신이 낫다는 것을 증명해야 할 것 이다.

당신은 인간의 일자리를 위협하는 인공지능이 얼마나 빠른 속도로 발전하고 있는지 알고 있는가? 많은 사람들이 현재 인공지능 로봇의 수준이 어느 정도인지 잘 모르는 게 사실이다.

단순히 청소를 하거나 빨래를 하거나 대화를 하는 정도로 인공지능 로봇의 수준을 얕잡아보는 사이 2050년이면 대부분의 일자리가 로봇의 차지가 될 것이다. 법률 소프트웨어는 500명의 변호사가 할 일을 지치지 않고 해낼 것이고, 인간의 희노애락을 분석하는 알고리즘으로 베스트셀러 소설을 집필하고, 히트곡의 데이터를 분석하는 알고리즘으로 신곡의 흥행 성공률을 예측하는 것도 가능해질 것이다.

기계가 인간의 노동을 대체한다

미래의 로봇은 전지전능해 보인다. 어지간한 인간들이 비집고 들어갈 틈이 보이지 않는다. 2013년 영국 옥스퍼드대학 칼 프레이 교수와 마이클 오스본 교수는 논문 〈고용의 미래: 우리의 직업은 컴퓨터화에 얼마나 민감한가?(The Future of Employment: How Susceptible are Jobs to Computerisation?)〉에서 702개 직업을 대상으로 미래에 살아남을 직업과 없어질 가능성이 높은 직업을 분석, 발표했다.[1]

오스본 교수는 "각 업무에 필요한 기술은 어떤 것이고, 기술의 발전 추세를 고려하여 기계가 그 기술을 얼마나 자동화할 수 있는지를 상세히 조사했다. 구체적으로는 컴퓨터화의 장벽이 될 수 있는 아홉 개의 업무 특성, 예를 들면 손재주, 예술적 능력, 교섭력, 설득력 등을 추출하여 702개 직종을 평가했다"고 밝혔다. 그는 또한 "최근의 기술혁신 중에서도 주목할 만한 것이 빅데이터다. 지금까지 불가능했던 엄청난 양의 데이터를 컴퓨터가 처리할 수 있게 되면서, 비일상적인 작업이라고 생각했던 일들이 일상화될 가능성이 높아졌다"고 말한다.

인간은 휴식과 수면을 취할 필요가 있으므로 관찰을 중단할 수도 있지만, 센서는 쉬지 않고 감시할 수 있다. 또한 인간은 장시간 일을 하면 집중력이 떨어지고, 인간의 생각에는 편견이 있을 수 있지만, 빅데이터를 분석하는 컴퓨터는 인간과 같은 단점이 없다. 인공지능을 연구한 오스본 교수는 이 때문에 결과적으로 기계가 인간보다 업무능력이 뛰어날 가능성이 있다고 주장한다.

이러한 빅데이터에 의한 정보 분석, 센서에 의한 인식능력을 결합하여 인간 수준 혹은 그 이상의 판단력을 갖춘 컴퓨터도 등장하기 시작했다. 예를 들어 애플의 스마트폰은 사용자가 "도쿄의 주말 날씨는 어때?" 하고 질문하면 실제 도쿄 날씨를 화면에 비춰준다.

미국에서는 콜센터 업무에 인간을 대신하는 음성 응답 시스템을 적용하여 기존보다 60~80퍼센트의 비용을 절감한 사례가 있다. 금융업계에서는 컴퓨터가 많은 양의 보도자료와 결산자료를 신속하게 분석해 투자 결정을 내리는 것이 일상적인 풍경이 되고 있다. 고객이 정보를 입력하면 컴퓨터의 재무설계사가 고객 각자에게 맞는 자산 운용 어드바이스(조언)를 하는 서비스도 인기를 끌고 있다.

교육 현장에서는 무료로 온라인 강의를 받을 수 있는 개방형 온라인대학(MOOCs)이 급성장하고 있다. 이 대학에서는 학생들이 토론에서 어떤 상호작용을 하고 있는지, 과제를 열심히 하고 있는지, 강의를 제대로 듣고 있는지, 어느 정도의 성적을 거두고 있는지 등에 대해 막대한 데이터를 모은다. 이러한 데이터를 이용하면 인간 대신 컴퓨터 강사가 학생에 따라 맞춤 강의 및 평가를 할 수 있고, 졸업 후 진로 및

2025년까지 세계 로봇 시장의 규모 (단위 : 달러)

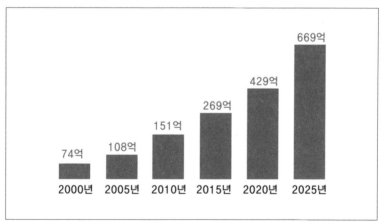

자료 : 보스턴컨설팅그룹

적성도 도출해낼 수 있다. 개방형 온라인대학에서 사용하는 기술을 기업의 인재채용 시스템에 적용하면 인사부서의 업무는 지금보다 훨씬 간소화될 것이다.

왼쪽 그림은 로봇 시장이 얼마나 빠른 속도로 성장하고 있는지 보여준다. 로봇 시장이 성장하는 만큼 인간의 일자리 또한 급격하게 줄어들 것이 예상된다.

그러나 로봇 및 로봇 기술이 인간의 일자리를 심각하게 위협하지 않을 것이라는 목소리도 있다. 일레인 첸(Elaine Chen) MIT 경영대학원 교수는 로봇이 인간을 대체할 수 없다면서 "인간은 오늘날 로봇공학자와 로봇회사가 만든 가장 뛰어난 로봇보다도 훨씬 더 다재다능하고 적응력이 높다"고 말했다.[2]

디지털 기술과 일의 역설

미래의 일자리는 지금보다 더 전문적이고 높은 지식을 요구하며 그와 관련된 다양한 경험까지도 원한다. 더구나 이런 분야의 전문가로 성장하기 위해서는 최소한 7년 이상의 준비기간이 필요하며 단순히 관련 분야를 전공하거나 단기간 경험을 했다고 해서 살아남을 수 없다. 실진 경험과 그 분야의 깊이 있는 지식으로 무장하고 고도의 직업훈련을 거쳐야 인정받을 수 있는 전문가의 영역이기 때문이다.

정해진 답도 없다. 그때그때 다른 문제가 생길 때마다 하나하나 해결해가야 숙련될 수 있는 일들이다. 물론 준비하고 배우는 동안에는 제대로 인정받거나 고용되거나 계약될 가능성도 그리 높지 않다. 그럼에도 자신의 역량이나 재능을 고도로 훈련해야 가능한 일자리를 준비해야 하는 이유는 이런 일자리를 제외하면 남는 일자리가 그리 많지 않기 때문이다.

그렇다고 모든 사람들이 다 창의적으로 살 필요가 있을까? 물론 아니다. 하지만 창의적이지 않고 단순 반복적인 일이나 이미 답이 정해져 있는 고도의 직업군들도 빠르게 치고 들어오는 로봇과의 경쟁을 피할 수 없다는 게 문제다.

뉴욕에서 사라지는 일자리들을 보면 우리의 10년 후 일의 미래가 보인다. 뉴욕 주는 최저 임금을 올려야 한다는 사회 각층의 요구에 맞춰 시간당 최저 임금을 9달러에서 11달러로 인상했다. 그러나 최저 임금 인상이 노동자들에게 긍정적인 뉴스만은 아니다.

최저 임금을 받는 노동자의 절반은 음식서비스업에 종사한다. 최저 임금 인상안이 통과되자 레스토랑업체들은 음식점 카운터에서 계산을 하거나 고객을 접객하는 업무를 자동화하는 기술에 적극적으로 투자하기 시작했다.

최저 임금 인상 운동을 벌이는데 청년들이 가장 효과적으로 사용한 도구는 바로 모바일 소셜 네트워크였다. 그러나 그들의 손에 들린 스마트폰, 태블릿으로 상징되는 기술 발전으로 인해 일자리는 빠른 속도로 줄어들고 있다. 쉽게 배울 수 있는 단순한 기능이 필요한 직업은 디지털 기술에 힘입어 우리 손을 떠나고 있는 것이다.

AI의 표적이 되지 않으려면

그렇다면 인공지능에 대체당하지 않을 직업을 가지려면 어떻게 해야 할까?

인공지능이 습득할 수 있는 업무는 명확하고 단순하며 프로세스로 정리할 수 있고 빠른 피드백이 가능하며 구조화된 기록이 많은 것들이다. 쉽게 배우거나 가르칠 수 없고, 쉽게 얻을 수 없는 수준의 일이라야 인공지능의 표적이 되지 않는다.

'고용의 미래'를 연구한 옥스퍼드대학 마이클 오스본 교수 연구진은 어떤 직업이 컴퓨터로 자동화가 가능한지를 평가해서 컴퓨터화하기 어려운 세 가지 분야를 선정했다. 그것은 지각과 조작, 창의적 지능, 사회적 지능이었다. 수술과 같은 손으로 하는 정교한 작업을 하는 것을 비롯해 세 가지 분야 중 다음은 특히 컴퓨터화하기 어려운 역량이다.

- 독창성(Originality) : 주어진 주제나 상황에 대해 특이하거나 독창적인 아이디어를 제시하거나 문제를 해결하는 창의적인 방법을 개발하는 능력
- 사회적 민감성(Social Perceptiveness) : 타인의 반응을 알아차리고 그 사람들이 왜 그렇게 반응하는지 이해하기
- 협상(Negotiation) : 사람들을 화해시키고 서로간의 차이를 조정하려고 노력하기
- 설득(Persuasion) : 다른 사람들이 마음이나 행동을 바꾸도록 설명하기
- 타인을 돕고 돌보기(Assisting and Caring for Others) : 개인적 도움, 치료, 감정적 지지, 또는 동료 · 고객 · 환자 같은 타인에 대해 도움 제공하기

발표 내용에 따르면 흥미롭게도 컴퓨터화할 수 있는 확률이 높은 직업일수록 임금이 낮다고 한다. 정리하자면 독창성, 사회적 민감성, 협상, 설득, 타인을 돕고 돌보기 같은 역량이 요구되는 직업은 컴퓨터화하기 힘들고 임금도 높다는 말이다. 이런 역량은 직관이나 암묵지가 많은 영역이라 학습하기 어렵고, 단순히 오래 한다고 해서 실력이 늘지 않는다는 특성이 있다. 역량이 요구되는 분야를 5C로 정리해볼 수 있다. 컴퓨터화하기 쉽지 않은 Computing, Care, Catering,

Consulting, Coaching 분야는 미래에도 유망할 것이다.

결국 미래사회에서 인공지능에 대체당하지 않으려면 누구나 쉽게 도전하는 분야나 주제가 아닌 학습하기 어렵고, 습득에 긴 시간이 걸려 노력과 공들인 시간조차도 경쟁력에 포함되는 일을 찾아야 한다.

- 지금 하고 있는 일은 누구나 쉽게 시작할 수 있는 일인가?
- 훈련에 오랜 시간이 걸리지 않으며 곧바로 해당 분야에서 일을 시작할 수 있는가?
- 자신의 이름을 건 작품이나 기술, 성과물이 없어도 전문가로 인정받을 수 있는 일인가?

위 질문에 모두 "No"라고 답할 수 있는 일을 하고 있다면 인공지능 때문에 스트레스를 받을 이유가 없다. 당신을 추적하는 것이 경쟁자이든 인공지능이든 당신이 견뎌온 절대시간을 넘어서지 못할 것이기 때문이다.

새 시대의 인재가 될 준비가 되었는가

지금까지 고용의 미래와 인공지능에 대체되지 않으려면 인간이 어떤 능력을 갖춰야 할지 알아보았다. 로봇이나 컴퓨터는 예술 등의 창조적인 작업에는 적합하지 않다. 그래서 인간은 기계가 할 수 있는 일은 기계에 맡기고, 더 높은 차원에서 창조적인 일에 집중할 수 있게 될 것이다. 이것이 바로 당신이 골드칼라의 삶을 선택해야 하는 이유이기도 하다.

어느 누구도 살아보지 않은 미래의 직업이나 일자리를 정확하게 알 수는 없지만 예측은 가능하다. 지금까지 우리가 몇 차례의 산업혁명을 통해 급변하는 시대에 살아남을 수 있었듯 바뀐 사회에서도 그에 맞는 준비를 한다면 얼마든지 그럴 수 있다.

지금까지 우리는 사회가 정한 목표에 맞춰 사느라 정작 자신이 자기 삶의 주인이자 기준이라는 사실을 잊어버리고 살아왔다. 우리는 스스로가 아닌 다른 무언가에 자신을 맞추느라 늘 분주하고 혼란스럽게 살아온 것이다.

해법은 내가 어떤 사람으로 살고 싶은지, 어떤 일을 할 때 몰입하게 되는지, 지치지 않을 수 있는지 아는 것이다. 지루하고 단순한 일을 포기하지 않고 해낼 수 있으려면 자신이 좋아하는 바로 그 일을 해야 한다. 그 일을 잘할 수 있을 때까지 필요한 최소한의 시간을 견디면서 살아남을 수 있어야 비로소 골드칼라의 단계에 이르게 된다.

당신이 지금 어떤 모습으로 존재하는지는 중요하지 않다. 어딘가 조직 내부에 고용되어 있든 조직 외부에 계약되어 있든 마찬가지다.

당신의 재능과 성과를 눈으로 확인할 수 있도록 온-오프라인을 통해 지속적으로 보여주어야 한다. 하고 싶은 바로 그 분야에서 성장하기까지 필요한 시간을 견디다 보면 어느새 여러 개의 직업을 가지고 활발하게 활동하고 있는 자신과 만나게 될 것이다. 다양한 포트폴리오로 살아가는 당신은 분명 일과 삶의 균형을 스스로 통제하면서 행복한 삶의 형태를 유지할 것이다.

새 시대에는 새로운 패러다임이 존재하고 그 시대의 룰을 만드는 사람이 살아남게 된다. 이제 아주 소수의 고용된 정규직 일자리만을 진정한 일자리로 인식하게 하는 지금의 진로교육 자체를 수정해야 할 때가 온 것 같다. 당신은 새 시대에 살아남는 인재가 될 준비가 되었는가?

[Tip]
인간형 로봇의 등장

MIT 연구팀 리싱크로봇틱스에서 인간형 로봇 '백스터(Baxter)'를 개발했다. 백스터는 인간이 로봇의 팔을 움직여 하는 일의 패턴을 기억하게 해서 그 작업을 자동으로 수행할 수 있도록 만들어졌다. 약 2만 달러 정도인 백스터는 10만 ~15만 달러 정도 하던 이전의 산업용 로봇에 비하면 상당히 저렴해 로봇 보급을 촉진시킬 것으로 예상된다.

백스터와 같은 저렴한 가격의 다목적 로봇은 제조업뿐만 아니라 서비스업에서도 활용될 것이다. 서비스업은 사람과 사람이 커뮤니케이션해야 하는 업종이므로 기계화는 어렵다고 하지만, 태블릿 단말기로 주문하는 레스토랑이 늘어나면서 웨이터나 웨이트리스 일자리를 빼앗고 있다. 앞으로는 조리, 의료, 청소, 노인, 간호 등의 서비스 산업에서 로봇이 더욱 복잡한 작업을 담당하게 될 것이다.

로봇이 직장에서 넘쳐나면서 일을 빼앗긴 사람이 실업자가 되어가는 모습은 상상하는 것만으로도 끔찍하다고 생각하겠지만, 옥스퍼드대학 마이클 오스본 교수는 "인류에게 이것은 환영할 만한 일"이라며 다음과 같이 주장한다.

"세탁기의 등장으로 수작업으로 하던 세탁 일을 기계에 빼앗겼지만 그로 인해 남은 시간을 사용하여 새로운 기술과 지혜가 창조되었다. 이렇게 인류는 발전해가는 것이다. 현재 일어나고 있는 것도 같은 것이다. 로봇이나 컴퓨터는 예술 등의 창조적인 작업에는 적합하지 않다. 그래서 인간은 기계가 할 수 있는 일은 기계에 맡기고, 더 높은 차원에서 창조적인 일에 집중할 수 있게 될 것이다. 인간이 그렇게 새로운 기술과 지성을 연마하게 되면, 어느 때보다 빛나는 '창의적인 경제' 시대를 열어가게 될 것이다."

로봇의 시대가 예상보다 빨리 다가오고 있다. 당신은 일자리를 빼앗기게 될까 전전긍긍하기보다는 자신만의 재능을 시장에서 거래 가능한 것으로 다듬는 데 주력해야 할 것이다.

리싱크로봇틱스에서 개발한
인간형 로봇 백스터가 공장에서 일하는 모습
출처 : Rethink Robotics

2장

골드칼라는
스스로 미래를
설계한다

"

기업이 나를 책임지지 않고
개인이 스스로를 책임지는 사회가 되었다.

– 톰 피터스(경영학자)

"

나는 나를 책임져야 한다

기업의 생산성 및 이익을 뽑아내는 공식으로 P(proficiency)=1/2×2×3이 있다. 조직 내부에 있는 핵심직원의 수를 반으로 줄이고, 보수는 두 배로 주고, 생산량은 세 배로 늘린다는 것이다.

이 공식에는 역설적인 면이 있다. 핵심직원의 수를 절반으로 줄이면 남은 사람들이 높은 급여와 안정적인 일자리를 보장받게 되겠지만 그만큼 강도 높은 노동을 제공해야 한다는 뜻이기도 하다. 주말이나 휴일도 반납한 채 오로지 '회사인'으로만 존재해야 기업이 원하는 생산성을 맞출 수 있을 테니까. 결국 고액연봉이 노동자의 발목을 잡는 것이다.

그러나 예전처럼 자신의 행복을 유예한 채 일에만 매진하는 사람들이 점점 줄어들고 있다. 일과 삶의 균형을 중시하는 사람들이 많아지면서 일방적으로 기업에 의존하지 않고 스스로 자신을 책임지려는 사람들이 늘어나는 추세다.

미래 일의 생태계에 속하는 단어들

무소속, 프리랜서, 포트폴리오, 프로젝트, 디지털 노마드,
마이크로 기업가, 디지털 네이티브, 프리 에이전트,
스마트 워크, 앙트러프러너, IoT, 퍼스널 브랜드, 플랫폼,
네트워크, 아웃소싱, 협업, 빅데이터, 디지털 평판경제

이 단어들의 공통점은 무엇일까? 4차 산업시대의 특징을 바탕으로 내가 나를 책임지기 위해서 반드시 알아야 할 단어들이다. 이 단어들이 미래의 나에게 어떤 영향을 끼칠지 얼마나 알고 있는가?

스포츠업체 나이키(Nike)는 제작의 전 과정을 아웃소싱한다. 누구나 자유롭게 글을 쓸 수 있는 사용자 참여형 백과사전인 위키피디아는 지금도 지속적으로 정보가 업데이트되고 있으며, 컴퓨터 운영체제 중 하나인 리눅스는 소스 코드를 무료로 공개하여 전 세계 프로그램 개

발자들에 의해 지속적으로 업그레이드가 이루어진다. 발리의 우붓에서는 스타트업을 꿈꾸는 전 세계 청년들이 모여 글로벌 디지털 노마드로 일하며 협업 공간을 활용해 다양한 아이디어를 나누며 새로운 비즈니스와 삶의 형태를 보여주고 있다.

소프트웨어 개발자들에게 스마트워크의 일종인 애자일워크(Agile Work)가 환영받고 있다. 애자일워크는 사무실 출퇴근을 기본으로 하면서 상황에 따라 직원이 근무시간이나 장소를 조정하는 유연근무제와 달리 시공간의 제한을 받지 않는다는 점에서 차이가 있다. 모여서 일하는 '사무실'이라는 공간이 아예 없기 때문이다. 직원이 각자 자신이 일할 곳을 정하는데, 집이든 카페든 상관없고, 근무시간도 편의에 따라 스스로 선택한다. 회사 사무실은 가상공간에만 존재한다. 미래에는 일의 대부분이 프로젝트로 진행될 것이기 때문에 애자일워크 형태가 IT업계에서만 통용되지 않고 보편화될 것이다.[3]

마이크로 기업가(Micro-Entrepreneur)는 최근 실리콘밸리를 중심으로 빠르게 확산하고 있는 1인 기업가로 개인의 자산이나 지식을 서비스화하면서 수익을 창출하는 이들이다. 다양한 아이템으로 성공한 마이크로 기업가가 증가하는 가운데 2011년에만 전 세계에서 대략 400만 명이 마이크로 기업가로 변신했다. 이는 프리랜서의 진화된 개념이라고 봐도 좋을 듯하다.

마이크로 기업가는 일반 기업의 직원들과는 일하는 방식이 다르다. IT를 기반으로 하는 이들은 기업가이자 동시에 자유인으로 생활하고 있다. 이들은 고정된 곳에서 일하는 직장인이 아니다. 자신이 원하는 시간에 원하는 곳에서 원하는 일을 하며 누군가 만들어놓은 디지털 플랫폼을 통해 부가가치를 생산해낸다.

공유경제와 협업경제를 바탕으로 하는 서비스 중에는 마이크로 기업 형태를 띠는 경우가 많다. 소셜 숙박 플랫폼 에어비앤비, 차량 공유서비스 우버, 수공예품 전문 온라인기업 엣시(Etsy) 외에도 자신의 재능과 여유시간을 공유하여 새로운 비즈니스 모델을 만든 태스크래빗(taskrabbit) 등은 모두 마이크로 기업이다. 실제로 개인 사이트나 블로그를 통해 지식공유, 여행경험공유, 차량공유, 공간공유 등을 서비스하는 기업이 지속적으로 늘어나고 있다.

마이크로 기업가들은 스스로 일자리를 만들어가는 사람들이다. 이들에게 가장 중요한 것은 바로 '시간'이다. 시간을 저당 잡히고 하루 종일 일하는 직장인들과는 달리 이들은 시간의 유연성을 가지고 자신이 중요하게 생각하는 가족, 취미, 건강, 공부 등의 가치에 시간을 쪼개 쓰며 산다. 게다가 이들이 사고파는 것은 대부분 자신이 가지고 있는 물품, 장소, 지식, 기술, 열정 등이기 때문에 사업을 할 때 떠안아야 하는 리스크가 그다지 크지 않다. 다만 일을 하면서 처음부터 안정적으로 수입이 보장되지 않는다는 것만 제외하면 말이다. 하지만 의외로 큰 수익을 얻을 수도 있다.

모든 사람들이 이런 방식으로 일해야 한다는 말은 아니다. 그러나 이런 방식으로 사는 사람들 대부분은 자신의 분야에서 스스로 선택한 방식으로 빛나는 아이디어를 쏟아내며 짧은 시간도 쪼개 쓰며 다양한 아이템 포트폴리오를 통해 여러 개의 직업을 만들어가며 사는 골드칼라들이다. 그리고 원하든 원하지 않든 이렇게 사는 사람들이 점점 많아지고 있다.

이제 인터넷에 접속하기만 하면 다양한 주제에 대한 막대한 양의 정보를 아주 쉽게 그것도 거의 공짜로 얻을 수 있다. 그 정보의 양은 불과 수십 년 전에는 꿈도 꾸지 못했을 정도로 엄청나다. 그야말로 빅데이터의 시대다. 거기다 인터넷과 연결된 다양한 사람들은 각자의 역량과 재능을 연합해서 새로운 가치를 만드는 데 주저하지 않는다.

앞서 열거한 무소속, 프리랜서, 포트폴리오, 디지털 노마드, 마이크로 기업가 등은 급변하는 노동 환경에서 스스로를 책임지기 위해서 반드시 준비해야 하는 미래 일의 생태계에 속한 단어들이다.

무소속 프리랜서 인생을 준비하라

21세기를 사는 우리들에게는 산업시대의 제조업 기반이 아닌 디지털 경제에서 살아남을 수 있는 지식과 정보, 경험이 필요하다. 디지털 경제에서는 IT산업과 인터넷 기반 전자상거래의 역할이 중요하고 우리의 주요 경제활동인 재화와 서비스의 생산, 분배, 소비 등이 디지털화되고 네트워크화된 정보와 지식에 의존하게 된다. 한마디로 앞으로의 경제는 오프라인과 연결된 온라인 세상을 통해 결정된다는 뜻이다.

스마트폰은 우리 일상에 깊숙히 자리잡고 있다. 우리는 물건을 구매하거나 게임을 하거나 음식을 주문할 때도 스마트폰을 이용한다. 여행을 갈 때도 항공 · 차량 · 호텔 · 휴양지 정보를 스마트폰으로 알아보고, 심지어는 내 앞에 있는 사람에 대한 궁금증을 해결하기 위해서도 언제든 스마트폰 검색창을 열어본다. 은행에 가지 않아도 스마트폰만 있으면 전 세계 누구와도 돈을 주고받을 수 있다.

이제 온라인 세상에 존재하지 않는다는 것은 주요 경제활동에서 벗어났다는 것을 의미한다.

온라인에서의 평판도 중요해졌다. 온라인에서 제품을 구매할 때 가격이나 품질만 비교하는 것이 아니라 사용자 평판을 토대로 구매를 결정한다. 평판은 제품뿐 아니라 개인에게도 적용된다. 누군가의 기준에 따라 나도 모르는 사이에 내 평판이 매겨지는 세상이다. 디지털 경제가 활성화된다는 것은 물건이나 상품, 기업뿐만 아니라 평범한 개인까지도 검색이라는 단두대에 오를 날이 그리 멀지 않았다는 것을 뜻한다.

그렇다면 디지털 경제에서 어떻게 나를 책임지며 살아야 헐까?

미국의 프리랜서를 위한 인재 플랫폼 업워크의 발표에 따르면 2020년에는 미국 경제인구의 절반이 프리랜서 형태로 일하게 될 것이며, 그 규모는 470억 달러(52조 원) 가량으로 예측된다고 한다. 이제 우리도 무소속 프리랜서로 살아갈 준비를 해야 한다는 것이다.

지금까지는 소속사가 있어서 내가 누구인지, 어떤 역량을 가진 사람인지 증명하지 않아도 사는 데 무리가 없었다. 내가 다니고 있는 회사가 곧 내 소속사였고, 회사의 브랜드가 곧 내 브랜드였으며, 내 직위는 내 능력을 말해주는 바로미터였다. 회사에 속한 상태에서는 약간 실수를 하거나 어느 정도 게으름을 피우며 여유를 부리며 살 수 있다. 회사 입장에서도 효용가치가 남아있는 사람들에게 자신들이 줄 수 있는 가치, 즉 급여·상여금·복지·퇴직금 등을 주며 붙잡지만 더 이상 그럴 가치가 없다고 판단하면 퇴사·명퇴·해고 등의 이름으로 관계를 끊어 버린다.

무소속이 되는 순간 지금까지 누리던 소속이 주는 안정감과 영향력은 사라져버린다. 마치 눈앞의 신기루처럼 말이다. 무소속이 되면 아무도 일을 시키지도 잘하고 있는지 점검하지도 않는다. 무소속의 삶이란 바로 아무도 나를 책임져주지 않는 것을 말한다. 편안하고 안정된 삶 또한 보장되지 않는다. 아무리 열심히 일해도 실력이 없으면 어떤 보상도 받을 수 없기 때문이다.

소속이 있다는 것은 우리에게 상당 부분 안정과 여유를 안겨준다. 하지만 나이가 들면 소속사를 나와 프리랜서로 홀로서기를 해야 한다. 그건 가수나 배우뿐 아니라 직장인도 마찬가지다. 소속사나 회사 입장에서 보면 효용가치가 없어진 사람에게 더 이상 소속의 가치를 부여할 이유가 없기 때문이다. 어쩌면 역량이 높아진 사람들이 프리랜서로 독립을 선택하는 것이 먼저인지도 모른다. 내 능력으로 충분히 먹고 살 수 있는데 내가 속해 있다는 이유만으로 너무 많은 것들을 나눠야 한다는 사실에 불만을 가질 수도 있으니까.

우리 모두는 시간이 지나면 결국 무소속 프리랜서의 삶을 살게 된다. 이 말은 자신의 능력과 재능을 증명하며 살아야 한다는 뜻이다.

프리랜서가 되면 일에 대해 유연성과 효율성을 보장받는다. 자기 스스로 언제 어디서 어떻게 일할지를 선택할 수 있다는 말이다. 개인적 가치에 따라 비즈니스를 결정할 수 있게 되는 것이다. 맞벌이 부부는 업무시간을 자유롭게 조율하여 육아와 일을 병행할 수 있고, 나이 든 직장인은 프로젝트를 포트폴리오화하면서 지속적으로 일할 기회를 얻을 수 있다. 내가 원하는 프로젝트를 함께할 전문가들과 협업하여 일을 마무리하고 그 성과를 나눠가지며 그 결과를 포트폴리오로 만들면 다음번 프로젝트에 참여할 때 보여줄 수 있는 경력이 될 것이다.

스스로를 책임질 준비가 되었는가

디지털 경제에서 살아남을 수 있는 무소속 프리랜서는 다음 세 가지 유형 중 하나다.

시장에서 거래 가능한 재능을 지닌 자

무소속 프리랜서에게는 시장에서 거래 가능한 재능(Marketable Talent)이 필요하다. 아무리 타고난 재능이 뛰어나더라도 그 재능을 사고 싶어 하는 사람들에게 팔리지 않으면 돈을 벌 수 없다. 가수 못지않게 노래를 잘하고 춤을 잘 춘다고 하더라도 사람들에게 선택받지 못하면 그 재능으로는 먹고 살 수 없다.

컬투의 김태균이 〈복면가왕〉에 출연해 사이보그 가면을 쓰고 뛰어난 노래 실력을 자랑하는 것을 본 적이 있는가? 그는 대한민국을 대표하는 개그맨으로 전국 각지에서 높은 가격으로 거래되는 개그 실력을 가지고 있다. 그런 그는 앨범을 11장이나 낸 가수이기도 했다. 하지만 콘서트에서 자신의 노래를 부르면 개그를 할 때처럼 호응하거나 인정해주지 않았다. 아무리 앨범을 내고 남다른 노래 실력을 가졌다 하더라도 시장에서 거래되지 않으면 소용이 없다. 물론 그러다 히트곡이 나온다면 이야기는 달라질 수 있을 것이다. 노래만으로도 시장에서 거래 가능해지기 때문이다.

이 말은 내가 현재 직장에서 아무리 디자인 감각이 뛰어나고, 기획력이 우수하고, 영업능력이 출중하다 해도 시장에서 독립적으로 거래될 수 없다면 미래에 무소속 프리랜서가 되었을 때는 효용가치가 없다는 뜻이다. 결국 재능은 어떤 형태로든 팔릴 수 있는 것이어야 한다.

자신이 잘하는 분야에서 높은 평점을 얻은 자

무소속 프리랜서는 자신이 잘하는 분야에서 높은 평점을 얻을 수 있어야 한다. 온라인 인재 플랫폼 업워크에서도 구인자에게 프리랜서를 평점이 높은 순서대로 추천해준다. 높은 평점을 얻으려면 뛰어난 실력이나 기술을 가지고 있어야 한다. 일을 할 수 있다는 것만으로는 결코 높은 점수를 얻을 수 없다. 남다른 뛰어난 역량이나 수준을 갖춰야 한다.

일을 하면서 맺게 되는 사람들과의 관계역량 또한 중요한 요소가 된다. 까다롭거나 너무 예민하게 구는 사람들과 오래 일할 사람은 많지 않다. 특히 프리랜서의 역량을 좌지우지하는 것은 바로 시간엄수다. 정해진 시간에 원하는 수준 이상으로 일을 해낼 수 있는 사람이라야 지속적으로 일을 얻을 수 있다.

그런 일련의 과정들이 평점에 반영되어 일을 잘하는 사람은 지속적으로 시간당 페이도 올라가고 일도 꾸준하게 얻게 되지만 반대로 일을 제때 하지도 못하고 기대 수준 이하로 하면 프리랜서 세상에서는 더 이상 생존할 수 없게 될 것이다. 아무도 그와 일하고 싶어하지 않을 것이기 때문이다.

디지털 노마드가 되어 일할 수 있는 자

디지털 노마드란 말 그대로 온라인으로 연결된 유목민이라는 뜻으로 자신이 원하는 시간에 원하는 장소에서 자유롭게 일하는 사람이다. 이미 상당수의 기업들이 스마트워크를 도입하기 시작했다. 사실상 자유를 누리기 위해서는 자신이 하는 일에 대한 실력이나 수준에 대한 검증을 거쳐야 하고, 성과제로 일하는 방식에 익숙해져야 한다. 이는 주도적으로 일한다는 뜻이다. 사람은 지시에 따라 일할 때보다 스스로 결정해서 일할 때, 더 헌신적이고 창조적으로 일하는 경향이 있다.

골드칼라로 사는 사람들은 자기주도적으로 일한다. 온라인으로 연결되어 있어서 자신이 일한 결과가 검증 가능한 형태로 드러날 수 있다면 일을 할 시간과 장소, 방법을 스스로 자유롭게 선택할 수 있다. 시간을 통제한다는 것은 나에게 있어 가장 효율적인 시간을 찾아내 자신의 일에 투입함으로써 최상의 결과를 이끌어내는 것을 의미한다.

선택과 책임의 딜레마

당신이 조직에 소속된 삶을 선택하든 무소속의 삶을 선택하든 딜레마는 언제나 존재한다.

반드시 직장에 출근해서 하는 일이라면 직장을 벗어나야만 자유로울 수 있는 기회가 생긴다. 일과 삶의 경계가 상대적으로 뚜렷한 편이다. 주 5일 일하고 휴일이면 모든 것을 내려놓고 쉴 수 있는 사람들이 주로 직장생활을 하는 부류이다. 하지만 이들은 언제나 시간이 없다고 불평을 한다. 쉴 시간, 놀 시간, 여행 다닐 시간, 아이들과 놀아줄 시간, 병원을 다닐 시간을 자유롭게 만들지 못한다. 직장에 속해 시간을 통제받는 대신 안정적인 급여와 복지를 선택했기 때문이다.

반대로 언제 일하고 언제 쉴 수 있는지를 스스로 결정할 수 있는 무소속 프리랜서들은 24시간 일을 해야 한다는 것을 받아들이는 사람들이다. 누군가 내 시간을 통제하는 대신 자유를 선택한 이들에게는 안정이나 복지는 먼 나라 이야기에 불과하다. 결국 어떤 생활을 하든 모든 게 다 좋을 수는 없다. 다만 자신이 어떤 삶을 선택할 때 더 행복할 수 있는지를 아는 게 중요하다.

자신의 일에 대한 결정을 스스로 내릴 수 있고 스스로 시간관리를 할 수 있다면 대개 훨씬 많은 에너지, 노력, 창조성을 발휘해 일에 임한다는 조사 결과가 있다. 자유가 많아질수록 일은 재미있고 즐거워진다. 예를 들어 자기 일을 언제 어떻게 할지 뜻대로 할 수 있는 사람이라면 아이를 돌보거나 병원을 가거나 부모님과 시간을 보내거나 사랑하는 애완견과 산책을 하는 등의 개인적 문제도 훨씬 쉽게 해결할 수 있을 것이다.

사람들이 원하는 것은 일과 삶의 균형이다. 일과 개인적 삶에서 뭐가 더 중요한지는 개인의 선택에 달려 있다. 어떤 선택이든 스스로 책임질 의사만 있다면 결국 그 길은 옳다.

당신은 자신과 거래할 의사가 있는가?

당신은 정해진 시간 안에 무엇을 완성할 수 있는가?

그 일의 완성도는 시장의 기대 수준을 넘어서는가?

무소속 프리랜서가 될 때도 시장에서 거래 가능한 실력인가?

무소속 프리랜서가 된다면 지금 하는 일은 여전히 유효한가?

검증 가능한 포트폴리오를 가지고 있는가?

이런 질문들이 지금 내가 나를 책임질 수 있는지 아닌지를 평가해줄 것이다.

[Tip]
장소에 구애받지 않는 신 유목민, 디지털 노마드

디지털 노마드(Digital Nomad)는 프랑스 사회학자 자크 아탈리(Jacques Attali)가 1997년 그의 저서 《21세기 사전》에서 처음 소개한 개념이다.

일과 주거에 있어 유목민(normad)처럼 자유롭게 이동하면서도 창조적인 사고방식을 갖춘 사람들로 노트북이나 스마트폰 등을 이용해 장소에 구애받지 않고 여기저기 이동하며 업무를 보는 이들을 일컫는다. 시간적, 공간적 제약으로부터 자유로울 수 있는 인터넷, 모바일 컴퓨터, 휴대용 통신기기 등 디지털 시스템 하에서 인간의 삶은 '정착'을 거부하고 '유목'으로 변모해간다는 의미를 담고 있다.

삶의 한 형태가 된 디지털 노마드의 삶은 특정 분야의 일부 사람들에게 국한되지 않고 널리 퍼지고 있다.

이러한 흐름은 2010년 초반부터 감지된다. 언제, 어디서나 자신의 기기를 통해 근무할 수 있는 디지털 노마드의 근무 환경을 'BYOD(Bring Your Own Device)'라고 한다. 인터넷에 연결된 기기가 급속도로 늘어나고, PC가 책상을 벗어나 무릎 위, 손바닥 안으로 들어오면서 프로그래머, 마케터, 교사, 디자이너, 컨설턴트 등 다양한 직업을 가진 사람이 자신이 원하는 곳에서 BYOD 방식으로 근무하기 시작했다. 마음만 먹으면 자신의 기기를 가지고 얼마든지 회사

업무를 처리할 수 있는 세상이 열린 것이다.

디지털 노마드는 단순히 일하는 장소만 자유로운 게 아니라 생활 터전도 자유롭다. 서울에서 집을 구하고 서울 여기저기서 일하는 게 아니라 서울에서 생활하면서 일하다가, 제주에서 일하다가, 어느 날은 필리핀, 또 다른 날은 발리에서 지내면서 일하는 식이다. 고정된 업무 공간과 생활 환경에서 벗어나 커피숍, 도서관, 캠핑카 등 일할 수 있는 장소면 어디든 찾아가 원격으로 일할 수 있다.

이러한 유목민 같은 특징 때문에 디지털 노마드를 '신 유목민'이라고 부르기도 한다.

스스로 미래를 설계하고
필요한 공부를 시작한다

사람은 충분히 좋아하고 관심을 기울이면 거의 모든 것을 터득할 수 있다고 한다. 교육의 목적은 자기 스스로 삶을 책임질 수 있다는 자신감을 심어주는 것이다. 하지만 사람들은 대부분 학창 시절을 끝으로 배우기를 멈춘다. 왜 배움을 멈추게 되는 것일까?

'나이 든 개에게 새로운 재주를 가르칠 수는 없다'는 말이 있다. 이미 가지고 있는 재주가 몸에 밴 상태로 오랜 시간이 지나면 다른 재주를 배우기 어렵다는 뜻이다. 자기 스타일이 확고하다는 것은 새로운 변화를 받아들이는 데 장애가 되기도 한다.

사람들이 제대로 배우려 하지 않는 또 다른 이유는 급격한 변화를 원하지 않기 때문이다. 변화가 필요하다는 인식은 있지만 현상을 있는 그대로 유지하며 익숙한 방식으로 서서히 변하고 싶은 것이다.

급격하게 변하는 미래를 살아내기 위해서는 변화와 성장의 동반을 당연한 것으로 받아들여야 하며 제대로 변하기 위해서는 반드시 제대로 배워야 한다. 변화를 거부하고 두려워하는 것은 서서히 데워지는 냄비 속에서 온도 변화를 알아차리지 못한 체 결국 죽음을 맞이하는 개구리와 같은 모습이다.

변화와 성장의 동반

변화를 제대로 받아들이려면 무엇을 어떻게 배워야 할까?

인간은 선천적으로 학습 능력을 가지고 태어난다. 우리는 아기 때부터 걸음마, 말, 글자, 그림 그리기, 컴퓨터를 이용한 놀이 등을 배우는 데 주저하지 않았다. 모든 아기들이 일단 시도하고 부딪히고 넘어지면서 빠른 속도로 학습한다.

하지만 나이 들수록 배우는 속도가 느려지고 변화를 거부하며 배움을 게을리하는 이유와 핑계가 늘어난다. 그러다 위기나 재난이 닥치면 어쩔 수 없이 다시 학습하기 시작한다. 자발적으로 변화를 위한 학습을 시작하는 사람은 생각보다 많지 않다. 성장을 위한 학습에는 오

랜 시간이 필요하고, 다른 사람들이 변화를 감지하기 전까지는 불필요
한 학습으로 보이기도 한다.

　이제껏 우리가 알고 있는 학습법은 주입식 암기교육으로 문제의
답을 맞추는 것이었다. 시험을 보기 위해 외운 것들은 시험이 끝나면
지우개로 지운 듯 까맣게 잊어버리게 된다. 결국 다 잊어버릴 것들을
배운 셈이니 현실 세상에서 제대로 써먹을 게 없다. 우리가 학교를 다
니며 공부했던 학습법으로는 어른이 된 자신의 문제에 대한 해답을 구
하지 못한다.

　나는 누구인가?

　나는 무엇을 잘할 수 있는가?

　이다음에는 무엇을 해야 하는가?

　내 안의 불안함은 왜 생기는 것인가?

　왜 일해야 하는가?

　나는 누구와 무엇을 하면 되는 것인가?

　꿈을 이루려면 어떻게 해야 하는가?

　어떤 사람을 신뢰해야 하는가?

　이 같은 질문에 스스로 해답을 찾아가는 것이 바로 삶이라는 사
실을 지금까지 아무도 알려주지 않았다. 지금까지 내가 배웠던 방식으
로는 아무것도 답할 수 없었고, 다른 사람이 던지는 질문에 답하면서
는 결코 내 문제를 해결할 수 없다는 것도 알게 되었다.

"일단 행동하고 경험하고 질문하고 다시 행동하는 과정을 통해서만 자신이 어떤 사람이며 무엇을 할지 알 수 있다는 것이다. 정체성이 완성되는 것은 직접 부딪혀 많은 가능성들을 탐험해본 이후다. 자신이 진정 어떤 사람인지, 진정 어떤 일에 재능이 있는지를 끝내 모른 채 죽는다면 참으로 서글픈 일이다."

미국의 작가 찰스 핸디(Charles Handy)가 자신의 재능을 찾는 방식이다. '나는 무엇을 잘할 수 있는가'라는 질문에 대해 스스로 해답을 찾아가며 사는 것이 인생임을 보여주는 말이다.

인생 3기의 반복에 대비하라

프랑스인들은 인생을 3기로 구분한다고 한다. 1기는 학습의 시기, 2기는 노동과 경력의 시기, 3기는 생활의 시기로 나눈다. 특히 3기에는 다양한 사람들이 만나서 역량과 지식을 교환하는 네트워크 역할이 중요해진다.

한국인의 인생이라고 해서 이와 별반 다르지 않다. 문제는 모든 사람들이 다 똑같은 시기에 학습하고, 비슷한 시기에 일을 하며, 비슷한 시기에 은퇴해서, 비슷한 생활을 하려는 데 있다. 아마도 이런 구분은 평생 하나의 직업만 가지던 시대에 만들어진 것으로 보인다.

프랑스인의 인생 3기 구분법

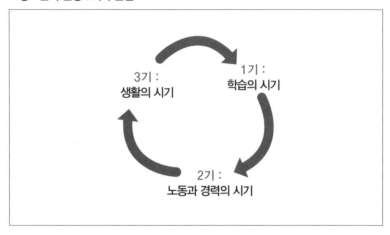

60세까지 한국인의 인생을 들여다보면 10대에서 20대는 학습의 시기, 30대에서 40대는 노동과 경력의 시기, 50대에서 60대는 생활의 시기로 나눌 수 있다. 20대에 일을 시작해서 60대에 은퇴하는 것으로 보면 학창시절 배운 지식이나 정보로 먹고 사는 것을 해결하는 최대 기간은 총 40년이라고 할 수 있다. 물론 이 구분법은 70세 전후로 생을 마감하던 시기에나 통하던 방식이다.

100세 시대에는 이전과는 다른 구분법이 필요해 보인다.

과거에는 일생에 단 한 번의 주기를 가졌다면 앞으로는 첫 번째 인생 3기, 두 번째 인생 3기, 세 번째 인생 3기처럼 각각의 인생 3기가 죽을 때까지 끊임없이 반복되는 형태가 될 것이다. 배우고 일하고 생활하고, 다시 배우고 일하고 생활하는 주기가 살아가는 동안 지속되는 것이다.

만일 평생 하나의 직업만 가진다면 하나의 인생주기로만 사는 것이다. 그러나 앞으로 평균 두세 개의 직업을 갖는 것이 당연해지면 인생주기 역시 두세 번 반복된다.

지금이 당신 인생의 전성기일지라도 이 기간이 영원히 지속될 수 없다는 것을 받아들여야 한다. 결국 우리는 현재의 삶이 지속될 수 없다는 가정 하에 2~3년 뒤 새로운 길을 찾아 언제든 떠날 수 있도록 구체적인 계획을 세워야 한다.

다음은 두 번째 새로운 직업을 시작하기 위한 질문이다.

- 지금 여기에 살지 않는다거나 지금 하는 일을 하지 않는다면 당신은 어떤 일을 하고 있을까?
- 다시 시작할 기회가 주어진다면 어디서 어떻게 살까?

하나의 직업을 유지하는 상태에서 다음 직업을 위한 준비를 시작한다는 게 그리 만만한 일은 아니다. 하지만 내가 하는 일이 다른 사람들로부터 인정받는 직업이 되기까지는 각각 필요한 시간을 견뎌야 한다. 다양한 일을 포트폴리오로 구성해서 그 일이 제대로 전성기를 누릴 수 있을 때까지 기다려야 한다.

나 또한 작가, 강사, CEO, 진행자, 기획자, 지식소통가로 살아가기 위해 각각의 포트폴리오에 필요한 시간과 내용을 채우며 혹독한 과정을 지나고 있다. 처음부터 돈을 받고 그 일을 할 수 없었던 시기는 주로 배움과 성장의 시기라 여기며 스스로를 격려하고 마음을 비웠다. 그러다 어느 시기부터는 포트폴리오가 쌓여 나를 증명할 수 있게 되면서 차츰 경제적인 여유도 즐길 수 있었다. 그러면서 다시 새로운 포트폴리오를 만들기 위한 고독과 인내의 시간을 얼마든지 견딜 수 있는 내공이 쌓였다. 이제는 뭐든 하겠다고 맘만 먹으면 할 수 있는 자신감과 용기가 생겼다. 어떤 일이든 그 일을 함께할 파트너와 협력자가 곁에 있기 때문이다.

우리가 첫 직장이나 직업을 선택하기까지 학습한 시간을 생각해 보자. 초중고를 합쳐 총 12년에 대학교 4년을 합하면 16년, 여기에 대학원과 유학까지 다녀오면 거의 20년 가까운 시간을 학습을 하며 보내게 된다. 그렇게 긴 시간을 학습해서 얻게 된 인생 2기의 노동과 경력의 시기가 점점 짧아져 풍요로운 인생 3기를 대비하기가 어려워졌다.

거기다 일을 하는 이유가 먹고 사는 문제를 해결하는 데 있는 사람에게 인생 2기는 이루 말할 수 없을 정도의 갈등과 고난의 시기가 될 것이다. 하루 빨리 인생 3기로 넘어가 여유로운 생활을 즐기고 싶은 이들에게 두 번째 인생을 위해 다시 학습의 과정을 거치라고 하는 것은 무리한 요구일 수 있다. 20년 가까이 학습의 시기를 보내고 얻은 첫 번째 일자리가 그렇게 만족스럽지 않았으니 다음 일자리에 대한 기대 역시 낮을 수밖에 없다. 차라리 자격증만 따면 무슨 일을 할지 명확하게 알 수 있었던 때가 오히려 속편했다고 말할지 모르겠다. 그렇다고 손놓고 기다리기만 할 수도 없는 노릇이다.

비행기가 이륙을 포기하고 멈출지 이륙할지를 결정하는 속도를 이륙결심속도라고 한다. 이륙결심속도를 넘어서면 반드시 이륙해야 한다. 우물쭈물하다가는 이륙에 실패하기 때문이다.

급변하는 시대에 생존과 성장을 위해서는 변화가 필요하며, 살아남기 위한 유일한 방법은 학습뿐이다. 그러나 분야나 시대를 막론하고 새로운 아이디어나 지식, 정보를 받아들이는 데는 어느 정도 시간이 지체된다는 것을 감안해야 한다.

농경시대에는 수백 년이 걸리던 지체시간이 산업화시대 이후 조금씩 짧아지고 있다. 현대 비즈니스 세계에서는 지체시간이 더욱 짧아져 창의적이고 혁신적인 기술을 갖고 창업한 회사도 더 빠르고 더 혁신적이고 더 저렴한 상품이나 기술을 내놓는 회사가 나타나면 문을 닫게 된다.

우리 미래는 우리 스스로 만들어갈 수 있다. 배울 의사만 있다면 배울 수 있는 기회가 도처에 널린 세상에 살고 있기 때문이다.

앞으로 무엇을 어떻게 배워야 하는가

"나는 3~4년마다 관심 분야 하나를 정하고 공부했다. 그 분야의 지식을 얻기 위해 우선 책을 많이 읽었다. 또한 많은 이들을 찾아가 어떻게 성공할 수 있었는지 물었다. 그리고 스스로 글을 썼다. 그러자 난 지식을 얻게 되었다."

피터 드러커가 《프로페셔널의 조건》에서 지식을 얻는 방법에 대해 한 말이다. 한 분야를 3~4년마다 공부하는 드러커의 방식이라면 우리는 세 가지 분야를 융합하여 새로운 분야를 만들어내는 데 12년 정도 걸릴 것이라고 예측해볼 수 있다. 이것이 꼭 대학이나 대학원, 유학을 가라는 말이 아니라는 것쯤은 이해할 것이다. 이런 방식으로 드러커가 90살이 넘어서도 현역에서 왕성하게 활동했다는 것 또한 기억해야 하는 사실이다.

프랑스 인시아드(INSEAD) 경영대학원 조직행동론 교수인 허미니아 아이바라(Herminia Ibarra)는 《아웃사이트(outsight)》에서 변화를 이끄는 사고방식을 얻으려면 다음과 같이 행동하라고 권한다.

"일반적인 논리로는 생각한 뒤 행동하는 것이 옳다. 하지만 성인의 학습 방법에 대한 연구에 따르면 더 나은 리더가 되기 위한 개인적 변화 과정에서 이러한 배열이 전도된다. 역설적이지만, 우리는 변화를 만드는 과정에서만 자기 인식을 증진시킬 수 있다. 새로운 것을 시도

한 뒤에 그 경험을 통해 배운 것을 내면화하는 것이다. 즉, 우리는 리더처럼 행동하고 난 후에야 리더처럼 생각할 수 있다. 배울 수 있는 유일한 방법은 직접 부딪혀서 그 일을 하는 것이다. 이를 위해 갖춰야 할 것이 바로 외부에서 얻는 통찰력, 즉 '아웃사이트'다. 리더처럼 생각하는 유일한 방법은 행동을 우선시하는 것이다. 즉, 동호회, 과외 활동, 타부서 협력, 콘퍼런스 참석 및 연설 시도 등 새로운 활동에 스스로 뛰어들고 새로운 사람을 만나 익숙하지 않은 방법을 시도하는 것이다."

아웃사이트를 얻으려면 가장 먼저 자신의 일을 재정의해야 한다. 당신이 현재 임직원이라서 지금까지 늘 해오던 일을 하면서 '생산 라인 최적화'에 초점을 맞췄다면, 같은 일을 하면서도 '임직원의 공통 가치' 또는 '비즈니스의 미래'에 초점을 맞춰야 한다. 이를 위해서는 능숙함의 덫을 피해야 한다. 누구나 잘하는 일을 하는 것을 좋아한다. 스포츠 코치들이 자주 하는 말이 있다. 아마추어 골퍼들은 자신이 가장 자신 있다고 생각하는 스윙을 연습하느라 너무 많은 시간을 보낸다는 것이다. 골프 게임에서 승리하기 위해선 퍼팅 등 다른 훈련도 필요한데 말이다.

아이바라 교수는 인맥을 넓히는 것이 변화에 필요한 아웃사이트를 얻는 좋은 방법이라고 조언한다.

"인맥을 넓혀야 한다. 나이 들수록, 특히 직장에 다니는 사람일수록 새로운 사람을 만나 교류하는 일은 점차 줄어든다. 점점 나와 생각이 비슷하고, 소위 '잘 맞는' 친구들과만 어울리기 쉽다. 지금까지 만나지 못했던 사람을 만나서, 지금까지 듣지 못했던 이야기를 듣는 것은 좋은 방법이다. 그러면 시야가 넓어지고 보이지 않던 게 보이게 될 것이다. 구체적으로는 관심 분야의 공동체를 만드는 게 좋다. 다양한 동호회에 가입해서 적극적으로 새로운 사람을 만나거나 좀 더 적극적으로 스스로 행사를 조직하고, 행사에서 연설하는 역할을 맡는 것도 추천한다. 그리고 점심시간을 활용하면 한 달에 최소한 스무 명을 만날 수 있지 않을까? 요즘은 소셜 미디어를 활용해 자신의 관심사를 알려 다른 사람을 만날 기회도 충분히 열려 있다."

우리는 지금까지와는 다른 방법으로 배워야 한다. 읽고 쓰고 수학 문제를 푸는 것과 같은 학문교육 외에도 전문적인 교육을 받아야 한다. 이러한 전문 교육에는 아는 것과 실행하는 것 사이의 갭(gap)을 줄이기 위한 절대시간이 필요하다. 직접 경험하면서 방법을 배워야 한다는 말이다. 너무 오래 학교에 다니며 '문자를 선호하는' 전문가가 아니라 '사람과 대화'할 수 있는 다방면에 능통한 사람이 인정받는 시대다. 바뀐 세상에서는 오늘의 나를 있게 했던 그 방법이 더 이상 유효하지 않다. 그렇다고 손 놓고 좌절할 필요는 없다. 어차피 이런 사실을 받아들이고 누구나 아는 보편적인 정보가 될 때까지는 아직 시간이 남아있다고 생각하는 사람들이 많기 때문이다.

왜 배우려 하는가

이제 무엇을 어떻게 배워야 하는지를 이해했다면 왜 배워야 하는지에 대해서도 생각해보아야 한다. 배우는 이유를 이해하기 위해 세계 행복지수 1위인 덴마크의 '애프터스쿨(After School)' 사례를 살펴보는 게 도움이 될 것이다.

2016년 국제연합(UN)에서 발표한 세계 행복 보고서에 따르면 조사 대상 157개국 중 덴마크가 가장 행복한 나라로 손꼽혔다. 한국은 1인당 GDP가 세계 29위인데 행복지수는 58위에 불과하다.

〈오마이뉴스〉의 오연호 대표기자가 쓴 《우리는 행복할 수 있을까》에는 덴마크인들이 고등학교를 입학하기 전에 다니는 애프터스쿨을 소개하고 있다. 덴마크인들은 인생을 어떻게 살지 스스로 선택하며 국가와 사회는 그런 환경을 보장해주는데 그 대표적 사례가 애프터스쿨이라는 것이다.

덴마크에는 250여 개의 애프터스쿨에 3만 명의 학생들이 다닌다. 덴마크는 초등학교부터 중학교까지 9학년을 다니고, 10학년에는 고등학교 입학 전 1년 동안 애프터스쿨을 다니게 된다. 이른바 인생설계학교로 고등학교에 들어가기 전에 앞으로 내가 어떤 인생을 살지 이 학교에서 설계하는 것이다. 공부보다 인생설계가 중심이라는 것은 우리나라의 방과후 수업이나 국영수 위주의 학과와는 다른 과정이라는 게 눈에 띄는 차이다.

덴마크의 수도 코펜하겐에 있는 이드랫츠 애프터스쿨은 설립한 지 9년 된 축구와 핸드볼을 가르치는 스포츠 전문 애프터스쿨이다. 이곳에서는 15명의 선생님이 135명의 학생을 가르치고 있다. 이 학교 남자 축구팀은 입학 경쟁률이 5대 1 정도로 인기가 높은데 입학시험이 없고 인터뷰만으로 선발한다. 이때 학생 선정 기준은 어느 정도 잘하나, 포지션이 무엇인지가 아닌 축구를 얼마나 좋아하느냐이다.

이 학교에서는 매주 수준별로 축구게임을 하는데 따로 등수를 매기는 시험은 없다. 학생들은 이곳에서 '사는 법(life skill)'을 배운다고 한다. 국어, 수학, 축구도 배우지만 더 중요한 것이 바로 나는 어떤 인생을 살 것인가, 다른 사람과 어떻게 어울릴 것인가와 같은 질문의 답을 찾는 것이다.

애프터스쿨에서 가장 중요한 과정은 바로 직접 인생계획을 짜보는 것이다. 그래서 '인생계획 짜기' 수업을 1년에 네 번 일주일씩 진행한다. 이때 학생들은 이런 질문을 받는다.

"서른 다섯에 무엇이 되고 싶은가?"

"만약 당신이 선생님이라면 그것을 가능케하는 구체적 플랜을 짜보라."

애프터스쿨의 인생계획 짜기는 '스스로'와 '더불어'라는 두 개의 바퀴로 굴러간다. 스스로 결정하는 법을 배우는 것이 매우 중요하다.

덴마크에는 고등학교 입학 전 들어가는 애프터스쿨 외에도 대학 들어가기 전과 직장을 그만두고 2모작, 3모작을 준비하는 사람들을 위한 성인 공립학교도 잘 운영되고 있다.

덴마크인들은 '인생계획'을 그야말로 '평생교육'을 통해 설계하고 있는 셈이다. 고등학교 졸업 후 곧바로 대학에 진학하는 비율이 20퍼센트 정도 밖에 안 되는 이유도 여유를 가지고 인생을 설계하려고 하기 때문이다.

직장을 다니다가 실직을 하더라도 바로 구직에 나서지 않아도 된다. 실업급여가 기존 월급의 90퍼센트 정도 지급되고 지급 기간도 최대 24개월이다. 실직자가 새로운 직업을 갖고 싶어 하면 정부는 새로운 기술이나 자격증을 취득할 수 있도록 도와주고 재취업 또한 알선해 준다.

이제 당신이 인생설계학교인 애프터스쿨을 다닌다고 가정한다면 우리는 다음 질문에 스스로 답을 찾아야 한다.

어떤 인생을 살 것인가?

그것을 찾기 위해 지금 내게 필요한 '애프터스쿨'은 무엇인가?

우리가 학교를 다니며 배우고자 하는 것은 바로 자신의 인생을 스스로 설계하며 사는 법이다. 자기주도적인 사람이 자기 인생의 주인으로 살 수 있고, 그래야 행복해질 수 있기 때문이다.

우리는 학교를 졸업하고 난 후 제대로 배우는 것을 잊어버린 듯하다. 어쩌면 지금까지 살아오면서 익숙해진 나와 무언가를 새로 배우게 되면 낯설어질 나와의 충돌을 피하고 싶은지도 모른다. 미래의 나는 현재의 나와 연결되어야 한다. 우리가 반드시 기억해야 할 것은 바로 어떤 미래가 오더라도 배우기만 하면 성취하지 못할 일은 없다는 사실이다. 배운 게 도둑질이라 말하는 대신 하고 싶은 분야의 필요한 그 무엇을 배워보자.

삶의 변화는 세상을 보는 시각과 정보 그리고 경험을 걸러내는 과정, 즉 맥락(context)을 변화시키는 것에서 시작된다. 맥락을 바꾸기 위해서는 학습이 필요하다. 그것이 내면화를 거쳐 다양한 버전으로 응용되는 것이다. 성공을 원하면 성공한 사람의 눈으로 세상을 봐야 하고, 부자가 되기 위해서는 부자의 눈으로 세상을 봐야 한다.

지금 당신은 누구의 눈으로 세상을 보고 있는가?

먼저 시작하라. 내 미래를 스스로 설계하고 그 미래에 필요한 공부를 시작하면 된다. 그렇게 배우고 익히면 언젠가는 원하는 분야에서 일할 수 있는 기회가 생길 것이다. 불확실하지만 한편으로는 확실한 우리의 미래다. 행복해지기 위해서 배워야 한다.

배움도 선택이다. 더 많이 배울수록 우리 스스로는 더 큰 존재가 될 수 있다. 결국 배워야 산다.

전성기 과정 설계 그래프

어떤 일을 하든 제대로 인정받는 직장인이 되거나 전문가, 스포츠인, 모델, 예술가가 되기 위해서는 평균 7년 정도의 준비가 필요하다. 그리고 7년을 유지하고, 7년을 서서히 내려간다. 21년간 생성-유지-퇴화의 3단계 과정을 그래프로 표현하면 다음과 같다.

21년 전성기 그래프

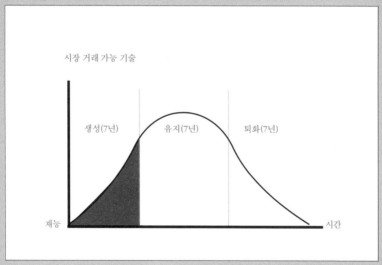

출처 : 《과정의 발견》, 조연심

이 그래프대로라면 어렵게 준비한 일이 10년에서 15년이면 끝난다. 그러나 그 전에 끝나는 사람도 점점 많아지고 있는 게 현실이다. 지금 하고 있는 일이 전성기 21년 주기의 어디에 속해 있든 간에 그 유지 기간이 점점 더 짧아지고 있다는 것만은 확실해 보인다.

예술가, 의사, 변호사 같은 전문직뿐만 아니라 직장인들의 경력에도 전성기 그래프가 적용된다.

직장에 들어가서 처음 7년 동안은 다양한 시행착오를 거치며 훈련에 훈련을 거듭한다. 그러고 나면 어지간한 일에는 성과를 낼 수 있을 만큼 익숙해져 다시 7년 정도의 시간을 보내게 된다. 이후 7년 동안은 새로 들어온 사람들에게 서서히 밀려나는 과정을 견디게 되면서 직장인으로서의 한계수명인 20년을 다하게 된다.

그후 은퇴하거나 자발적으로 회사를 나와 다른 일을 하면서 새로운 경력을 만들어야 할 시기가 찾아온다. 이것 또한 원하든 원하지 않든 누구에게나 오는 일의 미래다.

스스로 무언가 생산할 수 있는 시스템을 구축한다

아이디어만 있으면 원하는 일을 시작하는 데 거의 돈이 들지 않는 시대가 되었다. 이른바 새로운 재화나 서비스를 만드는 데 토지, 노동, 자본이 아닌 아이디어와 재능 그리고 인터넷이면 누구나 얼마든지 그것도 거의 공짜로 원하는 것은 무엇이든 만들 수 있는 한계비용 제로 사회가 된 것이다.

예를 들어 인터넷방송 프로그램 하나를 론칭하기까지 기존의 개념대로라면 적게는 몇 천만 원에서 많게는 몇 억 원이 족히 들지만 1인 방송이나 소셜 방송은 거의 돈이 들지 않는다. 어떤 방송을 만들지 기획하기 위해 만나서 치 미시고 밥 먹는 비용이 전부일 수도 있다.

그러나 아무리 로봇 기술이 발전하고 인터넷을 통한 연결이 자유롭다 하더라도 우리에게 남은 숙제는 바로 무언가를 해낼 '시간' 그 자체가 있느냐다. 무언가 새롭게 창조한 사람들에게는 공통적으로 시간을 통제하는 역량이 있다.

시간을 통제한다는 것은 어떤 의미일까?

당신의 시간은 온전히 당신 것인가

스티븐 코비가 격찬한 최고의 시간관리전문가 하이럼 스미스(Hyrum Smith)의 《성공하는 시간관리와 인생관리를 위한 10가지 법칙》에 자신의 시간을 통제하며 살아야 할 이유가 나온다.

교향악단 단원을 떠올려보자. 100여 명의 사람들이 지휘자가 휘두르는 지휘봉에 맞춰 일제히 움직이면서 완벽한 화음을 완성해낸다. 통제의 힘을 제대로 보여주는 사례다. 하지만 완벽한 통제 하에 움직이는 교향악단은 평균수명이 가장 짧은 직업에 속한다고 한다. 평생 지휘봉을 든 사람에게 통제당하며 수동적인 삶을 살아서일까?

직장을 다니는 사람들도 교향악단과 비슷한 상황에 놓일 때가 있다. 스스로 할 수 있는 일이 아무것도 없는 삶에 적응하게 되는 것이다. 적응하지 못하면 좌절감, 스트레스, 분노, 공포심을 느끼게 되며 자존감마저 낮아진다.

자존감을 끌어올리고 자기 삶에 만족하려면 스스로 삶을 통제할 수 있어야 한다. 그러나 의외로 우리는 스스로를 통제하지 못할 때가 많다.

아침에 해가 뜨는 것, 비구름이 몰려오는 것, 주식시장, 직장상사, 태풍, 갑작스런 병, 가족, 자식 등은 내 통제를 벗어난 영역이다. 문제는 우리가 이렇게 통제 불가능한 대상이나 사건을 걱정하느라 많은 시간을 허비한다는 것이다.

어쩔 수 없는 사건에 대해 스스로 통제할 수 있는 것은 바로 자신의 반응뿐이다. 이외에 우리가 완전히 통제할 수 있는 것은 기상시간, 식사 메뉴, 입는 옷, 다른 사람들의 태도에 대한 나의 반응 등이다.

이제 알겠는가? 우리가 완벽하게 통제할 수 있는 것은 나 자신뿐이다. '내 인생은 나의 것'이라는 노래 가사처럼 당신이 정말 당신의 의도대로 살고 있는지 점검해보자. 다음 쪽에는 자신의 뜻대로 살고 있는지 알아보는 체크리스트를 실었다. 일상에서 일어나는 각 사건들을 당신이 어느 정도 통제할 수 있는지 확인해보자.

체크리스트에 답을 해보면 일상에서 벌어지는 사건 중 스스로 완벽하게 통제할 수 있는 것이 생각보다 많지 않아 놀랄 것이다. 바쁜 일상 속에서 자신이 왜 그렇게 불안하고 스트레스가 쌓이고 가끔은 공포스럽기까지 했는지 이해되지 않는가.

일상에서 일어나는 다양한 사건들에 당신이 어느 정도 통제할 수 있는지 1에서 5까지 값을 매겨보자. 5는 완벽한 통제가 가능한 상태, 1은 전혀 통제할 수 없는 상태를 나타낸다.

일상의 사건	통제할 수 있는가				
기상 시간	5	4	3	2	1
아침 운동	5	4	3	2	1
먹는 것	5	4	3	2	1
통근 시간	5	4	3	2	1
클라이언트와의 회의 약속	5	4	3	2	1
상사와의 회의 약속	5	4	3	2	1
같이 점심식사 할 사람	5	4	3	2	1
좋아하지 않는 동료에 대한 반응	5	4	3	2	1
퇴근길 교통상황	5	4	3	2	1
오늘 저녁에 할 일	5	4	3	2	1
내일 할 일	5	4	3	2	1

위의 일련의 사건들을 완벽하게 통제할 수 있다면 어떤 감정을 느낄 수 있을까? 자신감, 행복, 상쾌함, 자존감, 놀라움, 경이로움, 자유로움 외에도 평온함, 균형과 같은 마음의 평화를 얻게 될 것이다. 우리가 시간관리를 통해 얻고자 하는 것은 궁극적으로 마음의 평화다.

골드칼라로 살게 되면 언제 어디서 어떻게 일할지 스스로 결정하면서 자신의 시간을 통제하며 살기 때문에 마음의 평화를 얻을 수 있다. 그리고 시간관리라는 말보다는 '사건 컨트롤'이라는 측면에서 접근하면 훨씬 더 많은 것들을 통제할 수 있다. 시간 자체는 우리의 통제 밖의 문제이기 때문이다. 사건의 연속이라는 개념으로 접근해 본다면 결국 우리는 당면한 크고 작은 사건들을 컨트롤하면서 완성되어간다고 할 수 있다.

우리는 왜 일상의 사건들을 컨트롤할 수 없게 되는 것일까? 한마디로 길들여지기 때문이다. 이를 설명할 수 있는 가장 좋은 예는 바로 '새장 속의 새'다. 새장에 갇힌 새는 주인이 주는 먹이에 길들여진다. 새장 속의 새는 자유를 포기하는 대신 주인이 부여하는 딱 그만큼의 보상에 길들여지는 것을 선택한다. 시간이 지날수록 그 길들여짐의 강도는 심해진다. 그러다 새장 문을 열어주면 어떻게 될까? 자유를 찾아 날아갈 거라는 기대와 달리 새장 속의 새는 여전히 새장에 남아 주인의 처분만을 기다릴 것이다.

과연 누가 그 새를 가둔 것일까? 주인일까 아니면 새 자신일까?

새장 속의 새는 스스로 부과한 속박 속에서 하기 싫은 일을 하며 직장에 얽매여 사는 직장인들의 모습과 다르지 않다. 게다가 내가 통제할 수 없는 다양한 변수에 의해 직장에서 밀려나 어쩔 수 없이 모든 것을 스스로 결정하고 처리해야 하는 무소속 프리랜서의 삶을 살아야 하는 시대가 되었음에도 여전히 누군가의 컨트롤 하에 자신을 밀어넣고 있는 직장인의 미래는 정말 안녕한 걸까?

자신의 삶을 스스로 통제하지 못하는 사람은 결코 행복감을 느낄 수 없다. 자신을 사랑하지 못하기 때문에 자존감 또한 낮아진다. 그들은 자신의 꿈에 들어갈 때조차 허가를 받기 위해 기다리는 사람들처럼 보인다.

인생을 컨트롤한다는 것은 시간을 컨트롤할 수 있다는 말이고 이는 다시 일련의 사건들을 컨트롤할 수 있다는 의미다. 결국 내 앞의 사건들을 스스로 통제할 수 있게 되면 우리는 더 많은 것을 만들어낼 수 있게 되고 이는 다시 자존감으로 이어진다.

스스로 무언가를 생산하려면 시간 통제는 기본

골드칼라로 살아가려면 스스로 무언가를 생산할 수 있는 시스템을 갖춰야 한다. 자신의 시간을 통제할 수 있다는 것만으로는 부족하다. 그것만으로는 삶이 넉넉해지지도, 먹고 사는 문제가 해결되지도 않는다. 다른 사람의 삶에 영향을 미칠 수도, 자아실현이 되지도 않는다. 이 모든 것들이 가능하려면 결국 자신이 이룬 성과가 있어야 한다.

한계비용 제로사회에서는 무엇이든 시작할 마음과 그것을 해낼 역량만 있으면 얼마든지 많은 것들을 이룰 수 있다. 물론 자신에게 닥치게 될 일련의 사건들을 완벽하게 통제할 수 있을 때 가능하다는 전제를 기억해야 한다. 이를 설명하는 3등식이 있다.

심리학자 나다니엘 브랜든(Nathaniel Branden)은 자존감과 생산성 사이에 직접적인 관련이 있음을 지적했다. 결론은 자신을 좋아하면 할수록 더욱 생산적이 되고, 생산적이면 생산적일수록 더욱 더 자신을 좋아하게 된다는 것이다. 자신이 이룬 성과가 자타가 인정하는 것이라면 자신감과 자존감이 높아지고 그 결과 더 많은 성과를 낼 수 있는 용기와 기회가 생긴다.

여기에 시간관리전문가 하이럼은 하나의 요소를 더 추가했다. 바로 사건 컨트롤이다. 이것을 '생산성의 3등식'이라고 한다.

자존감이 낮아지면 생산성이 떨어지고, 그 결과 사건 컨트롤 능력 역시 떨어진다. 반대로 자존감이 높아지면 생산성도 올라가고 사건 컨트롤 능력 또한 올라간다. 다르게 보면 사건을 컨트롤하는 능력이 향상되면 생산성이 올라가고 그 결과 자존감이 높아진다는 명제도 성립한다. 어떤 요소든 하나가 좋아지면 다른 것들도 좋아지게 할 수 있

생산성의 3등식

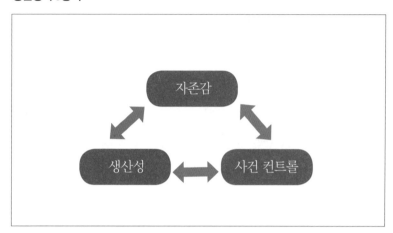

다는 것을 보여주는 등식이다.

이 중 가장 쉽게 받아들일 수 있는 요소는 바로 '사건 컨트롤'이다. 지금 눈앞에 있는 사건을 통제한다는 것은 내 시간을 통제한다는 것이고 결국 내 인생 자체를 통제하며 사는 것과 일맥상통한다. 그러므로 사건을 통제할 수 있는 힘과 안목을 키우는 것이 얼마나 중요한지 이해할 것이다. 소중한 사건들을 컨트롤할 수 있다면 생산성이 올라갈 것이고 그 결과 자기 스스로를 자랑스럽게 여길 가능성이 높아진다.

이것은 인생에서 우선순위가 높은 것들 중 가장 소중한 것부터 해결해야 하는 이유가 된다. 우리는 결국 우리 앞에 주어지는 일련의 크고 작은 사건들에 대해 통제할 수 있는 사건 컨트롤러가 되어야 한다.

우리는 시간에 대해 두 가지 착각을 한다. 언젠가는 지금보다 더 많은 시간을 갖게 될 거라고 착각하거나 시간을 얼마든지 저축할 수 있다고 착각한다. 이러한 착각으로 인해 우리는 사건을 효과적으로 컨트롤하기 어려워진다. 오늘 아니면 내일, 다음 달 아니면 내년에 할 수 있을 거라고 생각하거나 집부터 사고 나서, 아이들 다 키우고 나서, 은퇴하고 나서 등의 이유를 대며 차일피일 미루는 것이다. 하지만 우리에게 주어진 시간은 바로 지금뿐이다. 우리 나중에 한 번 만나자라는 약속이 잘 지켜지지 않는 이유다.

현대인들은 '시간이 없다'는 말을 입에 달고 살며 자신이 의미 있는 일을 할 시간이 없다는 것을 스스로에게 납득시키기 위해 그럴싸한 거짓말을 한다. 아이들과 놀기, 가족과의 식사, 친구에게 보내는 편지, 새로운 분야에 대한 공부 등과 같이 의미 있는 일을 하기보다 텔레비전을 보거나 친구들과 잡담을 하거나 의미 없는 회식에 참석하며 자신의 소중한 시간을 낭비하며 살아가는 것이다.

결국 컨트롤할 수 있는 일들(사건 컨트롤)을 컨트롤하지 않음으로써 제대로 만들어내는 것(생산성) 하나 없이 자신이 가치 있는 사람이라고 인식(자존감)하지 못하는 악순환이 지속되는 것이다. 자존감이 낮기 때문에 아무것도 생산적으로 만들지 못하고 점점 더 일상의 사건들에 부대껴 아무것도 통제할 수 없는 상태가 되어버린다.

나조차 나를 소중하게 여기지 않는데 누가 나를 그렇게 대우해

주겠는가? 어디에도 적응하지 못하는 자포자기의 삶으로 전락하는 것은 시간문제일 뿐이다.

시간도둑을 잡아라

이런 악순환의 고리를 끊는 가장 효과적인 방법은 의미 없이 흘러가는 시간도둑을 잡는 것이다. 많은 사람들이 생각하는 시간도둑으로는 방해에 의한 중단, 뒤로 미루기, 우선순위의 변경, 엉성한 계획, 대답 기다리기 등이 있다. 이런 일들로부터 벗어나는 다양한 방법은 하이럼 스미스의 책에 상세하게 설명되어 있다.

중요한 것은 시간도둑들과 관련해서 우리 대부분이 이미 관성화되어 있다는 점이다. 오늘 시간을 낭비한 방식대로, 지난주에도, 지난달에도 시간을 낭비해왔다. 시간도둑들을 제거할 제대로 된 계획을 세우지 않는다면 남은 인생도 지금까지처럼 시간을 낭비하며 살게 될 것이다. 게다가 그 시간도둑을 허용한 사람은 바로 나 자신이다. 이래도 무의미하거나 시시껄렁한 일을 하느라 의미 있는 일을 할 시간이 없다고 불평할 수 있겠는가?

현재 직장에 다니고 있는 사람들에게 행복하냐고 물으면 아니라고 한다. 먹고 사는 데 지장도 없고, 마음 졸이며 일을 따내느라 전전

궁금하지도 않으며, 언제든 마음만 먹으면 뭐든 할 수 있는데도 말이다. 그들 대부분은 늘 시간에 쫓기며 산다. 다른 사람이 정한 출근시간, 업무시간, 퇴근시간에 맞춰 정해진 장소에서 정해진 수준을 맞추기 위해 노력하며 사는 삶이 바로 직장인의 삶이다. 그들에게는 주도권이 없다. 언제 어디서 어떻게 일할 것인지에 대한 결정권이 없다는 말이다. 내 삶의 주도권이 나에게 없기 때문에 직장을 다니면서 얻을 수 있는 많은 혜택에도 불구하고 불행한 것이다.

내 삶의 주도권을 온전히 내 것으로 만들기 위해서는 대가를 치뤄야 한다. 자유롭게 일하기 위해서는 스스로 데드라인을 지켜낼 수 있어야 하고, 자신이 해낸 결과물에 대해 책임질 수 있어야 한다. 무의식적으로 일하다 만나게 되는 수많은 시간도둑들과도 적당히 타협하면서 중요한 순간에는 나를 훼방놓지 않도록 달랠 줄도 알아야 한다.

사실 나 역시 시간도둑들을 허용하며 산다. 마감시간을 맞추기 위해서는 하루에 4시간 이상 반드시 글을 써야 하지만 막상 책상에 앉기까지 얼마나 많은 유혹에 넘어가는지 아는가? 눈이 피곤하니까 일단 쉬고 해야지, 배고프니까 밥부터 먹고 해야지, 소화시켜야 하니까 그동안 텔레비전을 봐야지, 그동안 밀린 드라마 다 보고 나서 해야지, 페이스북이나 카카오톡 댓글 달고 해야지, 약속이 많은 날이니까 내일부터 해야지, 지금은 그냥 하기 싫으니까 하고 싶을 때 해야지 등등.

하지만 나는 이런 시간도둑들을 적당히 물리쳤기 때문에 1년에 책을 한 권씩 쓰겠다는 내 자신과의 약속을 지킬 수 있었다. 그러지 않았다면 무소속 프리랜서로 사는 나는 제대로 존재할 수 없었을 것이다. 주어진 일과 투입한 시간으로 보상을 받는 직장인들과는 달리 실제 해낸 성과물로 보상을 받는 나는 그들과는 다른 세계에 살고 있음을 한시도 잊지 말아야 하기 때문이다.

그렇기에 나는 늘 외롭고 고통스럽고 혹독한 시간 속으로 스스로를 몰아가기도 한다. 그래야만 무언가를 만들어낼 수 있고 그 결과 나 자신에 대해 자부심을 얻을 수 있기 때문이다. 나는 나의 만족을 위해 시간을 통제하려 애쓴다. 때로는 외롭지만 무언가 의미있는 생산물을 만들어내기 위해서 자발적 왕따로 살고 있는 셈이다.

그렇다고 불행하기만 한 것은 아니다. 내가 나를 통제하며 무언가를 만들 수만 있다면 과거와 달리 그것을 세상에 드러낼 수 있는 기회가 얼마든지 주어지는 한계비용 제로사회에 살고 있기 때문이다.

나는 미래의 유망 직업 중 '시간브로커'를 눈여겨 보고 있다. 브로커는 중계자를 말한다. 시간브로커는 내 시간과 상대방의 시간이 같은 가치를 가지고 있는지 판단해서 적당한 거래 조건을 제시해 비즈니스를 연결해주거나 돈보다 가치가 높아진 시간 자체를 통제하고 시간도둑을 잡아내 의미 있는 시간대로 변경해주는 역할을 할 것이다. 시간을 컨트롤할 수 있는 자가 한계비용 제로사회에서 자신의 유용성을 증명할 수 있다는 것만은 변하지 않는 가치이다.

한계비용 제로사회는 모든 가능성이 잠재된 사회다. 시작할 용기, 지속할 의지, 완성할 투지만 있다면 말이다.

딴짓을 포트폴리오로 만든다

"지금 무슨 딴짓 하세요?"

강의할 때마다 묻는 질문이다. 강의를 듣지 않고 딴짓을 하고 있던 사람들은 놀라서 대답을 못한다. 하지만 내가 질문한 딴짓과 그들이 생각한 딴짓은 의미가 다르다.

한 취업포털 사이트에서 직장인을 대상으로 업무시간 중 딴짓에 관한 설문조사를 실시했다. 응답자 중 무려 97.1퍼센트가 업무시간 중 딴짓을 했다고 답했다. 딴짓 1위는 메신저 사용, 2위는 스마트폰, 3위는 뉴스 검색이라고 한다. 바야흐로 소셜 미디어 시대를 실감하게 하는 결과다.

딴짓의 사전적 의미는 어떤 일을 하고 있을 때 그 일과는 전혀 관계없는 행동을 뜻한다. 내가 생각하는 딴짓의 의미는 자신이 좋아하고, 관심 있고, 하고 싶다고 여기는 그 일을 돈을 받지 않고도 진짜 돈을 받고 하는 것처럼 꾸준히 하는 것이다. 따라서 딴짓도 제대로만 하면 자신의 경력을 증명하는 포트폴리오가 되고 그 결과 취업이나 창업에 결정적인 영향을 미칠 수 있다. 또한 다른 사람들이 알아볼 수 있도록 온라인으로 과정을 기록해두면 자신의 경험이나 경력을 증명해주는 포트폴리오 역할을 할 수도 있다. 바야흐로 스펙은 가고 포트폴리오의 시대가 오는 것이다.

딴짓으로 스스로 직업을 만든 사람들의 이야기가 심심치 않게 들린다. 그들은 자신들의 재능, 관심, 기술 등을 딴짓을 하면서 그들만의 경력 포트폴리오로 만들어낸 공통점이 있다.

딴짓 포트폴리오로 취업에 성공한 사람들

'서류-필기-면접'으로 이어지는 한국 기업들의 전형적인 채용과는 전혀 다른 과정을 거쳐 실리콘밸리 취업에 성공한 한국 청년들이 있다.

대부분의 한국 기업은 대규모 공재를 통해 지원을 받고 이중 '가장 우수한 사람'을 골라낸다. 하지만 실리콘밸리 기업들은 '꼭 필요한 사람'을 찾아내는 방식을 쓴다. 이 때문에 SNS나 우연히 맺은 인연이 채용으로 이어지는 경우도 있다. 이른바 'SNS'로 능력을 보고, '팬심'으로 열정을 보는 방식이다.

가이드북코리아의 대표인 조아라 씨는 평범한 회사원이었다. 가이드북은 아마존, 페이스북, 벤츠 등 세계 유수 기업들을 고객으로 둔 행사 안내 플랫폼 기업이다. 그는 우연한 기회에 가이드북을 맡게 되었다. 그는 '에어비앤비'로 자신의 집을 숙소로 제공하고 있었는데 손님으로 가이드북의 제프 루이스 최고경영자(CEO)가 온 것이다. 숙소 제공자와 여행객으로 만난 두 사람의 관계는 곧 직원과 사장으로 바뀌었다.

에버노트의 열혈사용자였던 홍동희 씨도 1억 명이 넘는 사용자를 보유한 메모 앱 '에버노트'의 한국 사업을 맡게 되었다. 건설 분야 대기업과 벤처기업에서 일했던 그는 한국 내 에버노트 사용자 커뮤니티에서 모르는 사람이 없는 열혈 사용자였다. 에버노트는 그의 '팬심'을 보고 일주일간 본사에서 함께 일할 수 있는 기회를 주었다. 에버노트에 대한 사랑과 신규 시장 개발에 대한 능력과 열의를 본 회사는 그에게 한국 시장을 맡겼다.

마지막으로 김윤재 씨는 애플 쿠퍼티노 본사에서 지도디자이너로 일하고 있다. 홍익대 디지털미디어디자인을 전공한 그는 유학은 물론이고 어학연수 경험도 없다. 대기업에서 인턴을 했지만 입사에 실패한 그가 애플에 입사할 수 있었던 것은 자신의 작품을 디자인 포트폴리오 사이트 '비핸스'에 올렸기 때문이다. 그는 '미니멀리즘 아이콘(특정 사물을 단순하게 표현한 것)' 디자인이 특기였다. 자신의 작품에 대한 평가가 궁금했던 그는 유명 디자인 사이트 비핸스에 작품 몇 개를 공개했다. 호평이 이어지는 가운데 누군가 트위터로 그의 작품을 공유했다. 그 트윗은 다시 '혁신적 디자이너'로 손꼽히는 존 마에다 전 로드 아일랜드디자인스쿨 총장에게 전달되었다. 존 마에다 총장의 트위터를 본 애플의 인사 담당자가 그에게 '왕복 비행기 티켓을 줄 테니 면접을 보러 오라'고 이메일을 보냈다.[4]

실리콘밸리 창업에 성공한 이 세 사람의 공통점은 자신이 평소 관심 있어 하는 것을 SNS에 올렸다는 것이다. 그리고 그 능력이나 열정이 포트폴리오로 인정을 받았다.

딴짓으로 창업에 성공한 사람들

딴짓으로 창업에 성공하는 사람들의 사례도 매우 많다.

《구글보다 요리였어》의 저자 안주원 씨는 신의 직장이라 불리는 구글에 다녔다. 대학 때부터 요리에 관심이 많았던 그는 버섯 캐기나 요리를 딴짓으로 하면서 블로그에 일일이 기록을 시작했다. 하고 싶은 일을 바로 하는 대신 중학교 2학년 때 미국 유학을 시작해 10년 가까이 해외를 돌며 다양한 경험을 했다. 2007년 구글코리아에 입사한 그는 2년 6개월 후 《구글보다 요리였어》라는 책을 내고 사표를 썼다.

수차례의 딴짓 끝에 요리를 선택한 것이다. 이제 그를 만나려면 이태원 경리단길의 어느 막걸리집을 찾으면 된다. 그는 셰프라는 말 대신 주모를 자칭한다. 두 살배기 아이도 좋아하는 두부 요리를 만들어내고, 친구들이 찾아오면 맛있는 안주를 먹으며 이야기도 나눈다. 그의 꿈은 집밥 먹는 사람이 많아지는 것이란다. 그가 책 서문에 쓴 "가슴 두근거리는 일을 하는 것, 그것이 바로 신의 직장"이라는 말은 높은 연봉에 안정적인 복지 혜택을 신의 직장의 조건이라고 말하는 대다수의 직장인들에게 일침을 가하는 것으로 보인다.[5]

또다른 이는 평소 패션과 사진 찍기를 좋아하는 공대생 남현범 씨다. 뉴욕에 연수를 온 그는 며칠 뒤면 귀국을 해야 하는 상황이었다. 이대로 귀국하자니 뭔가 아쉬움이 남았다. 무작정 카메라를 들고 나가 뉴욕 거리를 지나는 패셔니스트들의 사진을 찍기 시작했다. 패션의 도시 뉴욕인지라 카메라를 들이대면 멋지게 포즈를 취해주거나 미소를 지어주는 사람들이 많았다.

남씨는 찍은 사진들을 자신의 블로그에 포스팅했다. 그리고 예정대로 귀국을 했다. 그런데 하루 몇 천 명의 블로그를 방문하며 자신이 찍은 사진에 대해 호평을 해주는 사람들과 패션잡지에서 자신의 사진을 사겠다는 연락이 오자 부모님을 설득해 다시 뉴욕으로 갔다. 그리고 본격적으로 패션피플의 사진을 찍어 블로그에 포스팅하기 시작했다.

얼마 지나지 않아 그는 대한민국 최초 스트리트 패션 포토그래퍼가 되었다. 자신이 직접 직업을 만든 것이다. 그는 사진들을 모아 전시회도 열고 책도 만들었다. 이제 세계적인 패션스타들조차 그에게 사진 찍히기를 바랄 정도다.

사회적 기업가 살리마 비스람(Salima Visram)은 이슬람계 케냐인으로 캐나다 몬트리올에 위치한 명문 맥길대학을 졸업한 지 얼마 되지 않은 새내기 기업가다. 그가 서구 언론으로부터 주목을 받는 이유는 메고 다니면 태양에너지를 저장할 수 있는 이른바 '태양광 백팩'을 생산하는 회사 '솔라(Solar)'를 케냐에 설립했기 때문이다. 가방을 통해 태양에너지가 케냐 극빈 가정들이 맞닥뜨린 전력 부족 문제를 해결할 새로운 가능성을 제시하고 있다.

전기조차 공급되지 않는 가난한 마을인 키캄발라에 빛을 공급하고, 아이들이 집에서도 공부할 수 있도록 하는 게 그의 바람이었다. 그는 적도 인근에 위치한 케냐가 일조량이 풍부하고 태양빛이 강렬해 그 빛을 모아 사용하면 되겠다고 생각했다. 아이들이 책가방을 메고 뙤약볕 아래를 걸어다니는 모습을 보고 태양광 백팩을 착안하게 되었다.

당장 아이디어를 실행에 옮겼고, 크라우드 펀딩으로 자금을 조달했다. 크라우드 펀딩 사이트에 자신의 계획을 밝히고 도움을 청하자 반응이 상당했다. 처음에는 4만 달러를 모으겠다고 생각했지만, 많은 사람들이 펀딩에 참여하면서 모금액이 5만 달러를 넘었다. 관심이 모아지자 그녀는 시제품을 만들어 사업을 시작했고 북미지역에서 태양광 백팩을 팔기 시작했다.

그는 단순히 수익을 올리기 위해 가방을 판매한 것이 아니라 '1+1 매칭' 방식의 기부 캠페인을 진행했다. 이 캠페인은 북미 지역에서 소비자가 한 개의 태양광 백팩을 살 때마다 아프리카 지역의 어린이에게 한 개의 백팩을 무상으로 전달하는 것이다. 친환경 신발로 유명한 탐스(TOMS) 등이 이미 시행해 성공하는 있는 방식이기도 하다. 그는 이를 통해 북미인들이 아프리카 빈곤층에 대해 더 관심을 기울이게 만드는 계기를 마련하고자 했다. 그의 궁극적인 목적은 태양광 백팩을 아프리카 최빈 지역의 경제를 활성화시키는 지속가능한 플랫폼으로 성장시키는 것이라고 한다.[6]

지금까지 소개한 사람들의 공통점은 소셜에 자신의 재능이나 경력, 아이디어를 올려 좋은 평판을 얻었다는 것이다.

대학 졸업장이 종이 한 장의 가치로 전락하고 있다. 자격증이나 학위보다 내 능력을 온라인에서 드러내 보이고 좋은 반응을 얻을 줄 아는 소셜 퍼포먼스 리뷰 능력이 중요해진 것이다. 처음부터 돈을 받지 않아도 하고 싶은 일을 하면서 온라인을 통해 세상과 연결하다 보면 언젠가는 좋은 평판을 얻어 원하는 삶을 살 수 있는 시대가 왔다. 이른바 딴짓의 재발견이다.

3장

나라는 브랜드를
증명하는 법

> 현역 시절 가장 큰 목표는 어제보다 더 나은 선수가 되는 것이었다.
> 축구선수로서 가치를 더 중요하게 여겼기 때문에
> 백지수표도 거절할 수 있었다.
>
> – 박지성(전 축구선수)

나를 증명하는
프로젝트를 기획하라

프로젝트(project)는 일정한 기간 안에 일정한 목적을 달성하기 위해 수행하는 업무의 묶음이다. 하나의 프로젝트는 정해진 기간, 배정된 금액, 투입 인력 등 일정한 조건 하에서 각종 요구사항을 수행하는 방식으로 진행된다.

무소속 프리랜서는 자신의 전문성을 필요로 하는 프로젝트에 투입된다. 이러한 프로젝트는 대부분 아웃소싱 형태로 진행되며, 정해진 기간이 지나면 해체된다. 프로젝트 사회가 되면 세상은 당신에게 이런 질문을 할 것이다.

"당신의 전문 분야는 무엇입니까?"

이때 당신이 전문가임을 증명할 수 있는 일종의 포트폴리오를 보여줄 수 있어야 한다.

프로젝트로 자기 주도적 삶을 실천하라

변호사, 회계사, 의사, 건축가, 광고에이전시, 산업디자이너, 설계서비스, 경영컨설팅, IT서비스 등은 지금까지 주로 화이트칼라들이 담당하는 업무였다. 이들이 하는 일은 모두 사회적으로 인정받고 상대적으로 보수가 높아 많은 사람들이 선망하는 직업이었다.

하지만 이러한 안정적인 업무 영역은 전산화 아웃소싱 인공지능 로봇 등으로부터 위협받고 있다. 더욱이 오늘날은 인터넷으로 검색만 해도 공짜로 고급 정보를 얻을 수 있다 보니 더 좋은 서비스를 더 저렴하게 제공하는 사람들에게 기회가 넘어가고 있다.

지금보다 더 좋은 서비스를 더 저렴하게 제공하는 사람들이 바로 골드칼라다. 화이트칼라와 골드칼라는 어떤 일을 하든 전문 서비스회사의 형태로 지식을 이용해 서비스를 제공하고 돈을 번다는 공통점이 있다. 자격증을 취득해 얻은 확고한 지위를 바탕으로 고수익을 취하기도 했던 이들은 뭐든지 생산만 하면 팔리던 생산중심 경제에서는 주변인에 머물렀지만 21세기 지식경제시대에 들어서는 주인공 역할을 하고 있다. 그런 그들이 이제 자신보다 더 나은 사람들뿐만 아니라 더 똑똑하고 가성비 높은 서비스를 제공할 수 있는 인공지능 로봇과 다퉈야 하는 시대를 만난 것이다.

결국 어떤 분야의 지식을 어떤 형태로 제공하더라도 판매할 수 있어야 한다는 사실에는 변함이 없다. 그리고 판매 그 이상으로 인식될 수 있는, 시간이 지나도 기억에 남을 만한 아주 멋진 형태라면 더욱 자랑스럽고 기쁠 것이다.

같은 일을 하더라도 더 흥미진진하고 열정이 넘치고 그러면서도 부가가치를 창출하는 방식은 당신의 일을 '프로젝트'로 인식하는 것뿐이다. 언제 어디서 무슨 일을 어떻게 하든 프로젝트의 과정을 컴퓨터가 인식할 수 있는 데이터로 저장하고 공유하여 온라인에서 연결된 다른 사람들에게 퍼뜨리면 미래의 일과 연결될 수 있다.

앞으로는 어떤 일을 할지보다 당신이 하는 일을 어떤 방식으로 해내고, 세상에 어떻게 알릴지가 더 중요해진다. 당신 스스로 회사가 되어야 한다. 그 회사의 주력상품은 무엇이고, 그 상품을 이용하려면 어떻게 해야 하는지 답할 수 있어야 한다. 그리고 그 멋진 상품을 경험할 수 있는 다양한 기회를 스스로 만들어야 하는데 그것이 바로 '프로젝트'라고 보면 된다.

프로젝트로 포트폴리오를 구축한 사람들은 자신의 방식대로 경력을 쌓아갈 수 있다. 자기주도적 삶을 실천하며 살 수 있게 되는 것이다. 앞에서 강조한 것처럼 나를 책임지는 것은 기업이 아니라 나 자신이다. 주도적으로 살지 않으면 아무 일도 할 수 없을 뿐 아니라 스스로 행복하다고 느끼지도 못할 것이다. 행복해지고 싶다면 자신의 삶을 주도적으로 통제하며 살아야 한다.

자기주도적으로 살기 위한 단 하나의 질문은 바로 '나는 무엇이 되고 싶은가'이다. 프로젝트는 주어지는 일(job)이나 해내야 하는 임무(task)와 다르다. 멋지고, 중요하고, 시작과 끝이 있고, 의뢰인이 있고, 퍼스널 브랜드로 인증 받을 수 있는 일이 바로 프로젝트다. 어떤 일을 하든 그 일을 프로젝트라 여기고 그것을 기록한다면 자신이 꿈꾸는 미래를 만들어 갈 수 있다.

스스로 미래를 만들어가려면 무엇을 확보해야 하는가

자신이 원하는 미래를 스스로 만들어가려면 다음 세 가지를 확보해야 한다.

상품성 있는 기술
당신이 알고 있는 지식을 시장성 있는 기술로 바꿀 수 있어야 한다. 지식 자체가 아니라 당신이 제공하는 서비스가 어떤 수준인지가 중요하다. 그리고 그 기술은 반드시 상품성이 있어야 한다. 가치 있는 특기를 바탕으로 하는 기술이라야 주목 받을 수 있다. 아무리 능숙하고 아무리 유용하더라도 다른 사람과 차별화되지 않는 평범한 실력이라면 거래가 어렵다. 다른 사람들로부터 인정받는 당신만의 특기를 찾아야 한다. '이것만큼은 최고'라고 할 수 있는 당신만의 특기 말이다.

직장에 다니든 사회에서 프리랜서로 일하든 중요한 것은 지금 하는 일이 바로 나 자신이라는 사실이다. 내가 누구인지를, 나라는 상품을 구체적으로 정의해보라. 나는 곧 내 일이다.

소셜 퍼포먼스 리뷰 능력

소셜 퍼포먼스 리뷰 능력이 있어야 한다. 당신은 포장된 상품이고 그 상품은 시장에서 주목을 받아야 한다. 당신 하면 떠오르는 키워드를 장악해 미래의 고용주들이 당신에게 연간 수천만 원을 투자해야 하는 근거를 남겨라. 계약이든 고용이든 상관없다. 눈에 띄지 않으면 폐기처분되는 대다수의 상품을 기억해 보라. 당신도 머지않아 그런 신세가 되지 말라는 보장이 없다. 결국 정치력과 포장 기술이 중요하다.

소셜 퍼포먼스 리뷰 능력을 올리려면 일단 자신의 분야에 대한 기술 자체가 탁월해야 한다. 당신이 고객의 어떤 문제를 해결해 줄 수 있는 기술을 보유하고 있는지 명확하게 보여줄 수 있어야 한다. 그리고 당신의 수수한 업무(프로섹브) 수행 경력을 증명할 수 있어야 한다.

온-오프라인에서의 명성을 관리해야 한다는 뜻이다. 당신이 한 일에 대해 칭찬하는 사람들을 증거로 확보하라.

유명인이 당신의 유능함을 칭찬하는 글이나 동영상을 SNS에 올리거나 함께 찍은 사진을 추가할 수 있다면 금상첨화다. 다른 사람이 나를 기록하지 않는다면 내가 나를 기록해야 한다. 그래야 기억될 수 있다. 능력을 인정받는 것은 그 다음이다. 일단 디지털 기록을 시작해야 한다. 그리고 온라인으로 표현되는 결과물에 디자인을 입혀라. 잘된 디자인은 내가 하는 프로젝트를 더 그럴 듯하게 포장해준다.

인적 자원을 구축하는 네트워크력

당신의 프로젝트에 도움이 되는 훌륭한 인적 자원을 구축할 수 있도록 네트워크력을 갖춰야 한다. 온-오프라인으로 연결된 사람들은 나의 상품을 입소문내주고, 그들의 인맥들과 연결시켜준다. 온라인 세상에서는 한두 단계만 건너면 모르는 사람이 없을 정도로 혈연이나 학연보다 훨씬 더 강력한 영향력을 미친다. 당신에게 사업을 성공시킬 큰돈이 없다면 네트워크는 더욱 중요하다.

당신이 다른 사람과 연결되기 위해서는 감정적 연대가 먼저다. 아무리 기술이 뛰어나더라도 상대방에게 감정이입이 되지 않는다면 아무 일도 일어나지 않을 것이다. 사람들이 원하는 것은 카리스마 넘치는 완벽한 실력자가 아니라 자신의 어려움에 공감해주는 친근한 조력자라는 것을 잊지 말아야 한다. 주변 사람들의 말에 귀 기울이고 공감하는 것은 능력이 아니라 태도의 문제이기에 누구든 마음만 먹으면 할 수 있는 일이다. 지금 당장 대화를 시작하라.

프로젝트 포트폴리오를 만드는 4단계

하나하나의 프로젝트가 포트폴리오가 되면 내가 어떤 사람인지, 얼마나 능력 있고 매력적인 사람인지를 증명하는 데이터가 될 것이다. 여기서 말하는 프로젝트는 자신의 분야(바구니)에 들어가는 하나하나

프로젝트 포트폴리오

프로젝트(아이템)

자신의 분야

"여러 바구니에 달걀을 하나씩 담기보다는 바구니 하나에 달걀을 모두 담고, 바구니 하나에 대해서만 걱정하는 편이 낫다."

앤디 그로브(인텔 명예회장)

의 아이템(계란)을 말하고, 그 아이템이 결국 직업으로 성장하는 토대가 된다.

그렇다면 직업으로 연결될지도 모를 포트폴리오가 되는 프로젝트를 성공적으로 진행하려면 어떻게 해야 할까? 당신이 내세울 만한 프로젝트 포트폴리오를 만들고 싶다면 다음 과정에 따르면 된다.

첫째, 당신이 공감하는 문제나 관심사를 찾는다. 그것은 왜 그 프로젝트를 해야 하는지 명분을 찾아줄 것이다. 즉 'WHY'를 찾는 게 첫 번째 단계다.

둘째, 정확하게 문제를 정의한다. 그러니까 'WHAT'을 정의내리는 게 중요하다. 구체적으로 하게 될 것을 정리하면 그다음 일정들을 정리하는 데 도움이 된다.

셋째, 문제를 해결할 다양한 아이디어를 도출한다. 이때는 정답이 없기 때문에 뭐라도 가능한 해결책을 찾도록 열린 사고를 하는 게 중요하다. 만일 이번 프로젝트를 공동으로 진행할 것이라면 참여하는 사람들의 다양한 의견을 들을 수 있도록 분위기를 주도해야 한다. 이 과정을 거치면 다양한 'HOW'를 얻어낼 수 있다.

넷째, 시범무대를 만든다. 완제품을 만들기 전 시제품을 만드는 것처럼 내가 하려고 하는 바를 그대로 담은 프로젝트를 일단 시행해보는 것이다. 마치 진짜 무대처럼 말이다. 시험방송을 해보거나 공개 강연을 해보자. 그렇게 되면 기대효과를 예측해볼 수 있게 된다. 시범무대는 돈을 벌기 위한 게 아니므로 무료로 진행할 것을 추천한다. 심지어는 약간의 비용을 들여야 할 수도 있다.

이런 과정을 거쳐 피드백을 받고 완전한 프로젝트를 론칭하게 되면 성공 확률이 높아지고, 실패로 인한 손해를 최소화할 수 있는 기회도 동시에 갖게 된다. 그렇게 진행했던 프로젝트는 시간이 지나면 포트폴리오로 쌓일 것이다.

이 모든 과정을 온라인으로 기록하게 되면 당신 주변의 사람들은 당신이 시도한 프로젝트를 해당 분야의 일로 인식하게 되고, 그 일을 지속적으로 하게 되면 결국 그 분야의 전문가로 받아들이게 될 것이다.

핵심은 당신이 꿈꾸는 일을 그저 하나의 프로젝트로 간주하고 이것저것 시도하다 보면 필요한 포트폴리오를 얻게 될 것이고, 결국 꿈꾸는 일을 하게 된다는 말이다. 기존에는 원하는 일을 할 수 있는 자격 조건을 얻기 위해 돈과 시간을 들였다면 이제는 한계비용 제로사회의 장점을 활용해 저렴하게 원하는 것을 시도해볼 수 있다는 있다는 게 달라진 점이다.

[Tip]
마이스터 테스트

당신은 자신이 관심 있는 분야에서 좋은 사람들과 일하고 있는가? 전 하버 드비즈니스스쿨 교수 데이비드 마이스터(David Maister)는 지금 하고 있는 일이 내 일이 맞는지 알아보고 싶다면 다음 두 가지 질문을 던져보라고 한다.

질문 1. 작년에 당신이 했던 일들을 생각해보라.
질문 2. 작년에 당신이 맡은 모든 클라이언트에 대해 생각해보라.

첫 번째 질문에 따라 작년 한 해 당신이 했던 일들을 떠올렸을 때 당신의 기분은 다음 중 어디에 가까운가?

1. 좋아서 미치겠다. 나는 이 일을 하기 위해 태어났다.
2. 괜찮아, 내가 좀 참지, 뭐. 다 먹고 살자고 하는 일인데.
3. 난 이 일이 정말 싫어. 여기서 벗어났으면 좋겠어.

전 세계 유명 기업의 최고 전문가들을 대상으로 조사한 결과, 이들은 지난 1년 중 20~25퍼센트는 1번, 60~70퍼센트는 2번, 5~20퍼센트는 3번에 속한다고 답변했다.

두 번째 질문에 따라 작년 한 해 당신이 맡은 모든 클라이언트를 떠올렸을 때 당신의 기분은 다음 중 어디에 가까운가?

1. 나는 이들이 좋고 이들이 종사하는 산업에도 관심이 있다.
2. 이 사람들은 견딜 만하다. 신나지는 않아도 지겨워 죽을 정도도 아니다.
3. 나는 프로이므로 클라이언트의 험담을 할 수 없다. 다만 최선을 다하고 있 다. 그러나 이들은 내 취향이 아니고, 그들의 산업도 내 관심사가 아니다.

전 세계 최고 전문가들을 대상으로 조사한 결과, 이들은 지난 1년 중 30~35퍼센트는 1번, 50~60퍼센트는 2번, 5~20퍼센트는 3번에 속한다고 답변했다.

마이스터 테스트는 내가 어떤 클라이언트를 선택해야 흥미롭게 일을 하면서 도 지치지 않고 열정적으로 일할 수 있는지 진단하는 도구이다. 그저 그런 사람 을 상대로 고만고만한 정도의 업무만 처리하면서 시간을 보내고 있다면 그 일 은 미래의 내 일이 아니라는 것이 확실해진다.

네이버가
인정하는 사람이 되라

"궁금한 게 있으면 어떻게 하세요?"

"네이버에 물어봐요."

"그럼 어떤 사람이 궁금하면 어떻게 하세요?"

"네이버에서 확인합니다."

예전에는 모르는 게 있으면 백과사전을 뒤지고, 궁금한 사람이
있으면 주변 사람들에게 평판을 조회했겠지만 이제는 누구랄 것도 없
이 온라인 검색을 활용한다. 검색 서비스 중 70퍼센트 이상 압도적인
사용률을 보이는 네이버는 검색뿐 아니라 평판조회의 도구로도 사용
된다. 네이버에서 인물검색, 뉴스, 책, 동영상, 블로그, 카페, 이미지,

포스트, 전문정보 등 확인 가능한 모든 카테고리에서 검색되는 결과에 따라 당신이 인재인지 아닌지를 판단하는 것이다. 특히 네이버는 우리나라에서 영향력이 크다 보니 네이버 검색 결과가 당신의 신뢰지수를 그대로 반영한다고 봐도 무방할 정도다.

공인, 유명인, 연예인이 아닌데 네이버의 전 카테고리에서 검색되는 사람이 있다면 그런 사람을 뭐라고 할까? 신뢰할 만한 사람, 열심히 산 사람, 대단한 사람, 몸값 높은 사람, 영향력 있는 사람이라고 할 수 있지 않을까?

그렇다면 네이버 전 카테고리에서 검색이 되는 사람이 되면 뭐가 좋을까? 네이버 전 카테고리에서 검색이 된다면 평범한 사람에 비해 명성을 얻게 되어 다양한 기회와 연결되고, 시간당 몸값이 높아질 테니 당연히 좋을 것이다.

당신이 오프라인 활동만 열심히 하는 사람이라면 이렇게 말할 것이다.

"전 그렇게 유명해지고 싶지 않아요. 조용히 지금 이대로 살고 싶어요."

하지만 네이버에서 검색되느냐 검색되지 않느냐가 내 의지가 아니듯 내가 드러나고 싶다고 해서 드러나는 것도 아니고 숨고 싶다고 해서 숨을 수 있는 것도 아니다. 원하든 원하지 않든 네이버 어딘가에 자신의 활동이 기록되어 있다는 것은 당신이 하는 일이 누군가에게는 기록될 만한 가치로 인식되었다는 것이고, 누군가 시간을 들여 당신에 대해 꼼꼼히 기록해놓았다는 것이다.

앤디 워홀과 네이버

팝아티스트 앤디 워홀이 활동하던 시대에 인터넷이 있었다면 그는 자신이 명성을 얻는 데 네이버나 구글과 같은 검색 포털을 제대로 활용했을 것이다.

"미래에는 모두가 15분이면 세계적으로 유명해질 겁니다." 앤디 워홀이 미래에는 미디어가 발달하여 짧은 시간에도 유명해질 것이라는 뜻에서 한 말이다. 하지만 그는 지금처럼 미디어가 발달하지 않았던 시절에도 명성을 얻으려면 어떻게 행동해야 하는지 알고 있었다. 그는 자신을 알리기 위해 매순간을 프로젝트라 여겼으며, 그렇게 수행한 프로젝트들이 포트폴리오가 되어 팝아트의 선구자가 되었다.

카네기 공과대학에서 상업미술을 전공한 앤디 워홀은 전공을 살려 1949년부터 〈글래머〉지에 광고 일러스트를 그리기 시작했다. 그리고 광고 지면에 샐러리를 그리며 상업미술가로서의 평범한 삶을 살았다. 하지만 워홀은 다작을 하는 예술가로 이름을 날리며 큰 기회를 얻기 위해 소소한 포트폴리오들을 차근차근 만들어나갔다.

그러던 그에게 커다란 전환점이 찾아왔다. 1962년 처음으로 LA에서 단독 전시회를 열게 된 것이다. 이 전시회에 걸린 작품이 앤디 워홀의 그 유명한 〈캠벨 수프 캔〉과 〈마를린 먼로〉다. 상업적인 성공을 거두지는 못했지만 2년 후 '미국의 슈퍼마켓'이라는 전시회 덕분에 그는 대중의 관심을 얻게 되었다. 그동안 뉴욕에서 수없이 많은 작은 전시회를 열며 인맥을 쌓아온 덕분에 워홀도 여섯 명의 예술가 중 한 명으로 초대될 수 있었던 것이다.

첫 LA 단독 전시회에서 장당 100달러에 고작 여섯 장의 판화를 팔았던 앤디 워홀은 '미국의 슈퍼마켓' 전시회에서 〈캠벨 수프 캔〉을 장당 1,500달러에 팔았다. 2015년 뉴욕 크리스티 경매에서 앤디 워홀의 작품 〈네 명의 마를린〉은 무려 3,600만 달러에 판매되었다.

앤디 워홀은 어느 날 갑자기 성공한 것이 아니다. 꾸준히 명성과 평판을 관리해왔기 때문에 성공할 수 있었다. 일단 오프라인에서 작은 무대를 많이 만들었고, 그 무대는 모두 자신을 증명하는 프로젝트가 되었으며, 소소한 프로젝트를 지속적으로 포트폴리오로 쌓아 눈부신 성공을 이뤄낸 것이다.

앤디 워홀이라는 퍼스널 브랜드는 명성이라는 사회적 가치를 얻은 후 경제적 가치를 얻게 된 것이다. 그가 사회적 가치를 만들어내는 과정에서는 인정을 받기도 어려웠고, 설사 인정을 받았다 해도 돈을 많이 벌지 못했다는 것을 기억해야 한다. 그럼에도 꾸준히 자신이 하는 일에 확신을 가지고 지속적으로 그 일을 해내야만 자신이 원하는 목표를 이뤄낼 수 있다.

앤디 워홀이 살았던 시대에 네이버가 존재했다면 분명 그의 소소한 포트폴리오들은 자신과 그림을 좋아하는 팬들에 의해 다양한 형태의 콘텐츠로 디지털화되었을 것이다. 그 결과 네이버에 '앤디 워홀'이라고 치거나 '팝 아티스트' 또는 '캠벨 수프 캔'이라고 검색하면 그와 관련된 다양한 결과가 검색창을 뒤덮었을 것임에 분명하다. 그리고 그런 온라인 데이터들은 서로 쌓이고 쌓여 그가 누구이고, 어떤 작품들을 만들었고, 어떻게 직업적 성공을 이뤄갔는지를 보여주는 바로미터가 되었을 것이다. 어쩌면 뉴욕에서 전시했던 그의 그림에 대한 정보를 중국의 거부가 인터넷을 통해 확인하고 즉시 거금을 주고 주문했을지 누가 아는가?

이처럼 네이버가 인정하는 사람이 된다는 것은 단순히 검색 결과에 반영된다는 것을 넘어 지속적이고 꾸준한 작품 활동을 통해 그가 진짜 경제적 가치를 얻을 만큼의 직업적 성공도 뒷받침되어야 한다.

네이버에서 당신이 검색되게 하라

어떻게 해야 자기 홍보를 제대로 할 수 있을까?

이름만 들어도 당신이 어떤 성과를 이뤄냈는지가 떠오를 수 있어야 한다. 사람들이 바라는 것은 당신의 탁월함이지 인간적인 매력이나 원만한 성격이 아니다. 당신 하면 떠오르는 트레이드마크를 만들어야 한다.

내가 희망하는 검색 키워드는 조연심, 퍼스널 브랜드(개인 브랜드), 지식소통가이다. 그와 관련해서 책을 쓰고, 강의를 하고, 칼럼을 쓰고, 프로젝트를 하고, 법인회사 엠유를 운영하고 있다. 그런 활동들을 블로그, 유튜브, 카페, 포스트, 페이스북, 카카오스토리와 같은 SNS 채널에서 글, 사진, 영상, 카드뉴스 등의 형태로 소통하고 있다.

내가 하는 활동들을 사람들에게 보여주고 내가 보여주고 싶은 키워드와 연결하는 것, 그것이 가장 좋은 자기 홍보법이다.

네이버에서 검색되는 싶은 키워드

당신은 네이버에서 어떤 키워드로 검색되고 싶습니까?

🐲 **NAVER** [　　　　　　　　　　　▼] [검색]

다음 빈칸에 검색 희망 키워드를 세 개 적어보라.

_____ _____ _____

자신의 분야와 관련된 특정 키워드가 네이버 각 카테고리에서 검색된다면 당신은 이미 그 분야에서 눈부신 활약을 하고 있을 것이다. 신은 당신의 내면을 보지만 인간은 당신의 외모를 보는 것처럼 사람들은 자신이 실제로 본 것, 그것도 검색을 통해서 확인한 것을 기정사실로 받아들이는 경향이 있다.

그렇기 때문에 자신을 홍보해야 하는 많은 사람들은 검색 사이트에서 자신이 드러날 수 있도록 안간힘을 쓰고 있다. 그렇다고 모든 카테고리에서 검색될 필요는 없다. 일단 블로그부터 시작하면 된다. 블로그에 하루 몇 천 명, 몇 만 명이 들어오는 파워블로거가 될 필요도 없다. 내가 하는 일을 필요로 하는 사람들이 검색을 통해 나와 연결될 수 있는 정도를 목표로 하면 된다. 사실상 내 블로그는 디지털 기록을 위한 저장창고 이상도 이하도 아니다. 그저 나를 필요로 하는 딱 그만큼의 관심과 방문이 있으면 된다.

쓸 말이 없다고 유망 키워드가 들어간 내용으로 포스팅을 하거나 무작정 좋은 내용이라고 모두 퍼오는 식은 곤란하다.

뭐라도 팔리겠지 싶어서 이것저것 내다 놓고 파는 잡화상 물건을 꾸준히 사주는 사람은 없다. 블로그를 운영하는 이유는 당신이 하는 일과 관련이 있고, 앞으로도 그 일과 관련된 사람들과 연결되기 위함이지 무작정 유명해지려는 것이 아니지 않은가.

일 방문자수가 수천 명씩 되는 파워블로거를 목표로 할 필요는 없다. 당신이 무슨 일을 하는 사람이고 그 일을 어떤 사람들을 대상으로 어떤 수준으로 제공하고 있는지를 보여주는 전문 블로그를 운영하면 된다.

디지털 세상에 자신을 홍보할 때 주의할 점

온라인 평판관리 기업인 레퓨테이션닷컴(Reputation.com)의 설립자인 마이클 퍼틱(Michael Fertik)은 《디지털 평판이 부를 결정한다》에서 온라인에서 자신을 홍보할 때 다음 다섯 가지를 명심하라고 조언한다.

인터넷의 바다에 넓은 그물을 던져라

당신이 가진 것을 세상 밖으로 인터넷 곳곳에 뿌려 당신의 능력을 필요로 하는 사람들이 검색을 통해 포착할 수 있도록 하라. 가능한 많은 사람에게 자신을 홍보하라. 채용담당자나 당신의 분야와 관련된 사람들에게 보여주고 싶은 대외용 계정을 운영하라. 사적인 용도는 아예 포스팅하지 않는 게 좋다. 한번 올라간 디지털 기록은 영원히 지워지지 않기 때문이다. 컴퓨터가 인식할 수 있고 당신 분야에서 중요한 인물로 떠오르는 데 도움이 되는 훌륭한 식견을 퍼뜨리는 데 집중하라.

솔직하고 진실되게 자신을 홍보하라

자신의 분야와 관련된 통찰력 있는 의견을 제시하거나 흥미로운 기사를 게시하고, 같은 분야에서 일하는 사람들과 지적이고 정중한 내용의 대화를 나눠라. 당신이 그 분야의 전문가이며 트렌드를 주도하는 선구자임을 온 세상이 알게 하라. 때론 자신의 판단력과 지혜, 독특한 경험을 귀중한 자산으로 내세워야 할 때도 있다. 자신의 모습을 최대한 현명하게 포장하라. 전문성과 가치를 홍보하라.

디지털 프로필을 업데이트하라

일과 관련된 블로그를 운영하라. 직업적인 면에서 당신이 맡은 프로젝트나 요즘 하는 업무에 대해 꾸준히 글을 올리고 피드백을 하라. 최소한 매달, 매주 한 번씩은 새로운 소식을 올려라. 당신이 관련 분야에서 일하고 있고, 최신 동향에도 민감하다는 것을 증명할 수 있는 흥미로운 기사 한두 줄과 링크 주소만으로도 충분하다. 다른 이들의 좋은 콘텐츠를 공유하거나 재게재하는 것도 유용하다. 흥미를 느낀 수백만의 새로운 고객(팬)이 나를 찾는 계기가 될 수 있다. 적절한 시간대에 적절한 속도로 글을 올려야 한다. 업무상 필요한 게 아니라면 직장에서 일하는 시간에 블로그 게시글이나 포스팅을 올리지 않도록 주의하라.

당신의 온라인과 오프라인 세상을 일치시켜라

온-오프라인이 연계된 일관된 메시지는 긍정적 강화를 부추긴다. 당신이 말하는 대로 온라인 검색 결과에 나타나야 하고, 행동과 일치해야 한다. 온라인 세상에서도 진짜가 인정받는다는 것을 잊지 말아야 한다. 온라인 활동내역을 의도적으로 삭제하면 부정적인 인식을 줄 수 있다. 소셜 계정을 꾸준히 유지하는 것만으로도 당신의 온라인 활동을 추적하는 알고리즘에 긍정적 정보를 제공할 수 있다. 당신이 좋은 사람이라는 것을 컴퓨터가 알게 하라.

기회가 왔을 때 그 즉시 행동할 준비를 완료하라

무엇 때문에, 누구 때문에 같은 핑계는 집어 치워야 한다. 현실에 안주하지 말고 평소 실력을 갈고 닦아 만반의 준비를 갖춰라. 기회가 왔을 때 실력을 발휘한다면 시너지가 나고 폭발적인 힘을 발휘할 수 있다. 진짜 실력가가 아니면 어쩌다 온 기회를 그냥 흘려보낼 수 있다.

오프라인에서의 탄탄한 실력이 우선이다

네이버가 인정하는 사람이 되려면 단순히 검색 결과에 반영되는 것을 넘어 지속적이고 꾸준한 작품 활동을 통해 진짜 경제적 가치를 얻을 만큼의 직업적 성공도 뒷받침되어야 한다.

디지털 네이티브 세대의 젊은 청년들에게 온라인 세상은 친숙하고 만만한 공간임에 틀림없지만 오프라인에서의 탄탄한 실력이 뒷받침되지 않는 온라인에서의 유명세는 그다지 의미가 없다는 것을 유념해야 한다.

내가 맨 처음 온라인 세상에 발을 들여놓은 것은 2008년이다. 당시에는 블로그 마케팅이나 퍼스널 브랜드라는 용어 모두 생소했다. 조직에서 벗어나 무소속 프리랜서가 된 첫 해였기에 나를 증명할 수단이 아무것도 없었다. 닥치는 대로 이것저것 하면서 온라인에 강한 전문가들이 조언해주는 대로 한발 한발 내딛는 수준이었다.

그 무렵 내가 속했던 전문가 네트워크에서 팀블로그를 운영하기로 했고, 그 블로그에 글을 써야 해서 팀원들을 인터뷰하기도 했고, 모임 공지를 하고 기록하면서 아주 조금씩 온라인 세상으로 이주하기 시작했다. 물론 검색이라는 개념도 모르던 때라 어떻게 써야 검색이 잘 되게 하는지도 몰랐고, 사진을 올리고 그 사진에 관한 내용을 기록하는 아주 기본적인 활동만 했다.

시간이 지나면서 오프라인에서의 내 위상이 달라졌다. 책을 내고 출판기념회를 하고, 강연을 하고, 인터넷 방송과 같은 다양한 활동을 하면서 그 과정을 일기 쓰듯 내 블로그에 차곡차곡 쌓아 나갔다. 온라인에 익숙한 젊은 사람들과의 협업으로 사진, 글, 영상, 각종 이미지를 콘텐츠로 만들어 각종 카테고리에 노출하는 토대를 마련할 수 있었다.

나도 모르는 사이에 '조연심', '퍼스널 브랜드', '소통전문가' 등이 네이버 검색어로 올라 내 블로그의 글들 외에도 관련 콘텐츠들이 검색되기 시작했고, 온라인을 통해 지속적으로 일을 의뢰받게 되었다. 물론 나를 소개받은 곳에서도 검색을 통해 내 활동 이력을 직접 확인하고 신뢰를 한 상태로 일을 의뢰하여 어느새 명성의 덕을 보게 되었다.

물론 내가 하는 일 모두가 경제적 성과로 이어진 것은 아니다. 하지만 나도 앤디 워홀의 전략대로 살아가고 있다. 내가 하고 있는 작고 소소한 각종 프로젝트들이 언젠가 내 명성을 드높일 포트폴리오가 될 거라는 믿음을 가지고 있었던 것이다. 그런 마음으로 지금도 8년 전과 같은 행동을 지속적으로 하고 있다.

온라인에서 반짝 명성을 보이던 사람들은 어느 순간 자취를 감추곤 했다. 자신이 잘나갈 때는 아침점심저녁으로 먹는 메뉴에서부터 만나는 친구까지 별의별 내용을 다 올리지만 오프라인에서 일이 잘 풀리지 않거나, 개인적으로 힘든 일이 생기면 아예 온라인 계정을 삭제하거나 탈퇴하기도 했다. 그리고 일정 시간이 지나면 다시 나타나 바쁜 움직임을 보이지만 그마저도 역시 아주 잠깐뿐이다.

온라인 세상에서 기복이 큰 것은 20대보다는 30대가 더 심하다. 특히 직업적으로 변화가 생기거나 결혼과 출산, 이혼 등으로 현실이

고단해질 때 온라인에서 자신의 존재를 감추는 경우가 많다. 그러고 나면 30대를 지나 마흔이 되었을 때 누구나 알 수 있는 전문가 혹은 검색 결과에 드러나는 사람이 되는 경우는 극소수다. 이 말은 자신의 경력을 증명하기 위해 온라인 활동을 할 때는 오프라인 포트폴리오를 뒷받침할 수 있도록 소소하더라도 지속적으로 할 필요가 있다는 뜻이다.

무소속 프리랜서가 되면 더 많은 일과 더 많은 돈 그리고 더 많은 자유를 선택할 기회가 주어진다. 확실할 것 같은 손 안의 마시멜로를 놓아버리고 나니 더 많은 마시멜로를 손에 쥘 기회가 주어지는 것처럼 말이다. 정말 중요한 부분은 당신의 브랜드가 무엇인지를 발견하는 것이다.

인력관리 컨설팅업체 퓨쳐 워크플레이스(Future Workplace)의 연구 디렉터이자 파트너인 댄 슈와벨(Dan Schwabel)은 "이는 가장 중요한 단계다. 일자리, 네트워크를 쌓을 사람 등 다른 모든 건 이미 존재한다. 존재하지 않는 부분은 당신 스스로의 위치다. 이를 확실히 찾아야 한다"라고 말했다. 그는 이것이 '개인 브랜드'라고 말하고 있다.

네이버가 인정하는 사람이 된다는 것은 당신이 활약하고 있는 주력 분야에서 이미 인정을 받고 있다는 것이고, 지속적으로 포트폴리오를 쌓아왔다는 것이고, 머지않아 그 분야에서 전성기를 누리게 될 것이라는 의미다. 어쩌면 이미 상당한 수준으로 전성기를 누리고 있을지도 모르지만.

골드칼라가 되려면 자신의 분야에서 다른 사람과 차별화할 독특한 아이디어가 있어야 하고, 그 아이디어를 성과로 만들어낼 자신만의 핵심역량을 갖춰야 하며, 자신의 성공을 도울 협력자나 파트너를 아웃소싱할 수 있어야 한다.

하나의 포트폴리오가 만들어지면 다시 다른 아이디어를 실현할 프로젝트를 만들면 된다. 다양한 프로젝트는 시간이 더해지면 포트폴리오가 되고 각각은 그 삶을 증명하는 데이터가 되면서 삶이 자신이 꿈꾸는 대로 풍요롭게 변할 수 있다는 말이다. 이는 어느 날 자고 일어났더니 갑자기 유명해졌다거나 '하룻밤 사이에' 성취된 성공이 아닌 수년 또는 수십 년의 각고의 노력이 더해졌다는 뜻이다.

아무리 빠르게 세상이 변하고 내 앞을 달려가는 사람이 셀 수 없이 많아도 서두르거나 낙담할 필요는 없다. 지금 하고 있는 일로 승부를 볼 때까지 과시적 자기 홍보를 멈춰도 좋다는 말이다.

플랫폼에서
존재를 알려라

"어디에서 일을 의뢰받습니까?"

무소속 프리랜서로 살면서 가장 많이 들었던 질문이다. 다행히도 나는 끊임없이 일을 해왔다. 물론 그 일 모두가 돈을 받고 한 일이 아니라는 게 함정이지만. 막 무소속 프리랜서가 되었을 때는 지금처럼 작가, 강사, 진행자와 같이 확실하게 구분되는 일을 하지 못했다. 다른 사람들이 나에게 어떤 일을 의뢰했다기보다는 무작정 뭐라도 함께하자는 정도의 일이 많았다. 돈을 받고 하는 일이든 안 받고 하는 일이든 데드라인에 맞춰 완벽하게 일하는 게 습관이 된 터라 나에게 있어서 유급이든 무급이든 일은 그냥 일 자체였다.

나는 내가 진행한 모든 일들을 프로젝트라고 생각했고, 그 과정과 결과를 블로그에 기록했다. 여행사 초청으로 팔라우(Palaw)에 여행을 갔던 일정을 상세하게 기록하고, 전기자전거를 타고 돌았던 제주도 여행기를 디지털 기록으로 남겼다. 그러자 어느 날 한국관광공사로부터 도움을 요청하는 메시지를 받았다.

> 한국관광공사 트래블아이 운영 사무국입니다. 대표님이 운영하시는 블로그를 통해 전달되는 트래블리더 소식으로 대학생뿐만 아니라 많은 네티즌분들께 국내 여행에 대한 관심과 참여를 만들 수 있는 계기가 되었으면 좋겠습니다.

지식소통가라는 브랜드네이밍으로 활동을 하고 블로그에 포스팅을 하기 시작하자 '소통', '소통전문가'를 검색하면 나오는 결과를 확인한 후 ㈜그래드코리아레져, 미래에셋 브랜드전략실, 세브란스 병원 홍보실, (사)한국축산컨설팅협회 등으로부터 소통을 주제로 한 강연을 요청받기 시작했다.

그 외에도 딴짓의 일환으로 시작했던 인터넷생방송 북TV365 진행에 관련된 다양한 콘텐스를 보고 채선낭에서는 '미쓰변신 프로젝트'

토크쇼 진행자로 섭외가 들어왔고, 《나는 스무살이다》를 쓴 작곡가 윤일상의 출간기념회에서도 토크쇼 진행을 맡게 되었다. 그 후 평창동계올림픽 유치위원회에서 영어 프리젠테이션을 해 화제가 된 나승연 대변인, 대한민국 최고 디바 가수 인순이님 외에도 다양한 분야의 사람들과 토크쇼를 진행할 수 있었다. 2014년에는 여성가족부에서 주관하고 한국양성평등교육진흥원에서 주최하는 토크쇼 '대한민국 최고에게 3T를 묻다'를 기획하고 사회를 맡아 직접 진행했다. 이후 한국직업방송 프로그램 〈슈퍼맘리턴즈〉, 〈그녀가 돌아왔다〉에 전문가 패널로 고정출연하기도 했다.

이런 모든 일이 가능했던 것은 바로 내가 했던 일을 블로그에 기록했기 때문이다. 기록된 사실은 '조연심'이라는 사람을 신뢰할 수 있게 했고, 생각지도 못했던 무대에 오를 수 있는 기회로 연결되었다. 이런 방식으로 각종 매체에 퍼스널 브랜드 관련 칼럼을 기고하게 되었고, 자문과 컨설팅 의뢰를 받았다. 블로그라는 온라인 플랫폼을 통해 내 재능이 거래될 수 있었던 것이다.

무소속 프리랜서의 재능은 어떻게 거래되는가

무소속이 된 우리가 가진 재능은 어떻게 거래되는 것일까?

프리랜서가 일을 얻는 방식 중 하나인 미국의 프리랜서 중개 플랫폼 '업워크'를 살펴보자.

업워크(upwork)는 Work 3.0 시대의 새로운 패러다임을 제시하는 기업으로 기존에 오데스트(Odesk)라는 이름으로 운영되다가 최근 이랜스(Elance)와의 합병으로 규모가 더 커졌다.

업워크는 온라인에 서로 협력할 수 있는 장(場)을 제공함으로써 글로벌한 스케일로 경제적 가치를 창출하는 것이 목표이며, 가장 최적화된 재능을 가진 인적자원을 비즈니스와 빠르게 연결시켜 주는 것을 비전으로 삼고 있다. 등록된 프리랜서가 천만 명을 넘었고, 연간 진행되는 작업량도 천만 달러를 넘었으며, 연간 등록되는 직업의 수나 연간 이용 고객의 규모만 봐도 얼마나 많은 사람들이 다양한 분야에서 비즈니스를 연결하고 있는지 가늠할 수 있다.

업워크에서 주로 거래되는 재능은 크게 웹 개발, 모바일 개발, 디자인, 작가, 서비스 지원, 고객상담 서비스 지원, 판매·마케팅 부문, 회계·컨설턴트 분야로 나뉘며 각 항목을 누를 경우 구인자는 더 세부적으로 자신이 찾고자 하는 프리랜서들을 검색할 수 있다.

예를 들어 디자이너를 뽑으려면 '디자인 & 크리에이티브' 항목을 누르면 된다. 이를 누르면 평점이 가장 높은 디자이너가 추천된다. 디자이너의 시간당 페이, 할 수 있는 분야, 거주지 같은 정보가 간략하게 제시되며 '프로필 보기' 버튼을 누를 경우 보다 상세한 정보를 살펴볼 수 있다.

업워크에서는 어떤 기준을 통해서든 프리랜서들이 철저하게 검증된다고 볼 수 있다. 고용주들의 재고용 비율이 90퍼센트 이상일 만큼 프리랜서에 대한 신임도나 신뢰도가 상당히 높은 편이다.

업워크를 통해 일을 얻는 프리랜서는 언제, 어디서든, 자신이 원할 때 자신에게 해당되는 프로젝트를 찾을 수 있다. 일하고 싶을 때 바짝 일하고, 쉬고 싶을 때 마음껏 쉴 수 있는 것이다. 프리랜서들이 일하는 Work 3.0 시대를 가장 잘 살아갈 수 있도록 도와주는 플랫폼 중 하나가 바로 업워크인 셈이다.

일을 찾는 프리랜서는 업워크에 제시된 다양한 카테고리 중 자신이 할 수 있는 항목을 선택해 구인자들이 업로드한 프로젝트들을 보고 시간당 페이, 작업 기간, 자신의 능력을 고려하여 지원하면 된다. 그리고 최종적으로 구인자에 의해 선택되었을 경우 바로 프로젝트에 착수하는 것이다.

이 과정을 통해 일이 끝난 후에는 구인자나 프리랜서 모두 서로에 대해 평판을 매길 수 있다. 그 말은 자신의 일하는 방식이 투명하게 드러난다는 의미다. 일을 시키고 돈을 주지 않는 구인자나 회사는 유능한 프리랜서와 일할 기회가 점점 줄어들 것이고, 반대로 성실하게 일하지 않거나 실력이 부족한 프리랜서 또한 일을 할 기회가 사라질 것이다.

대한민국의 구인구직 플랫폼 사람인에서 제공하는 '오더잡'이라는 서비스는 안전하고 편리한 재능거래 시스템을 표방하며 업워크에서 추구하는 가치와 유사한 서비스를 제공하고 있다. 오더잡 구매자는 자신이 원하는 재능을 등록해 최선의 방법을 제안하는 판매자를 선택하고 작업을 진행하도록 요청한다. 그런 다음 결과물에 만족하면 주문이 완료되는 것이다.

오더잡은 아직은 업워크와는 비교할 수 없을 정도로 작은 규모이고 카테고리도 다양하지 않지만 미래에 재능을 가진 프리랜서들이 이용할 수 있는 유용한 플랫폼 중 하나다.

앞으로 무소속 프리랜서로 살게 되면 내가 가진 재능이 온라인 중개 플랫폼에서 어떻게 거래될지 이해되었는가?

지금 내가 하고 있는 일이 나를 증명할 수 있는 포트폴리오가 될 수 있도록 만들어라. 단, 어떤 카테고리에 들어갈 일인지, 그 일을 어떤 수준으로 해낼 수 있는지를 설명할 수 있어야 한다. 지금 내가 무소속 프리랜서이든 기업에 소속된 직장인이든 마찬가지다. 미래에 우리가 새로운 일을 맡을 수 있을지는 자신을 증명하는 포트폴리오를 얼마나 다양하게 갖추었는지에 달렸기 때문이다.

나를 증명하는 특정 키워드

당신을 증명할 수 있는 특정 키워드만으로도 얼마든지 글로벌 기업에 취업할 수 있는 시대가 되었다. 실제로 검색창에 기업이 원하는 키워드를 입력한 인재가 입사 제의를 받기도 했다.

신의 직장이라 불리는 구글은 특정 검색어와 코딩 테스트로 실력을 검증하고 인재를 채용하고 있다. 구글의 엔지니어 맥스 로제트도 그런 방식으로 구글러가 되었다. 로제트는 구글로부터 "당신은 우리의 언어를 할 줄 아는군요. 도전해보겠습니까?"라는 메시지를 받고 도전을 선택했고, 컴퓨터 언어로 프로그램을 만드는 코딩 과제를 무사히 마치고 원하는 일을 하게 되었다.

우버도 우버 앱 사용자 가운데 적합한 대상을 찾아 코딩 과제를 메시지로 보내고, 사용자가 한 건당 1분 이내에 해결해야 하는 코딩 과제를 세 건 완수하면 채용 절차를 밟는다.

구글과 우버 모두 입사 면접보다는 지원자가 어떤 문제 상황에서 역량을 발휘할 수 있는지 실제로 확인하는 절차를 거친다.[7]

빅데이터를 활용해 오래 일할 인재를 발굴하는 기업도 있다. 실제로 빅데이터는 '당신이 지난 여름에 한 일을 알고 있다'처럼 나를 증명해줄 데이터가 될 뿐만 아니라 '당신이 내년 여름에 할 일을 알고 있다'와 같이 미래의 내가 어떻게 행동할 것인지를 예측할 수 있는 데이터 역할을 하기 때문이다. 빅데이터를 활용하면 과거 지원자들이 제출한 이력서와 자기소개서, 입사 후 달성한 성과와 경력 등을 분석해 이를 바탕으로 향후 좋은 성과를 낼 만한 인재인지 아닌지를 예측할 수 있다.

제록스는 콜센터에 장기 근무한 직원들의 상세한 정보를 수집하고 이후 콜센터 신규 직원을 선발할 때 이 정보를 활용하고 있다. 글로벌 컨설팅 기업 프라이스워터 하우스쿠퍼스(PwC)의 영국 지사 인력분석팀은 한 소매업체가 단기간에 대규모 인력을 채용하는 과정을 지원했다. 소매업체의 경쟁사가 파산하자 그 직원들을 대규모로 포섭해 소매업체가 채용하도록 했다. 이 과정에서 PwC는 경쟁사 직원들의 정보를 분석해 이들이 거주하는 지역의 소매업체 지점에 필요한 인력을 제공했다. 그 결과 해당 소매업체는 4주 만에 700명을 고용했다.

빅데이터가 인력 수급상황을 실시간으로 파악해 적재적소에 직원을 채용하려는 기업에도 유용하다는 것을 보여주는 사례다.

미국 인적자원관리협회에 따르면 기업 중 84퍼센트가 채용 과정에서 SNS를 활용하는 것으로 조사됐다. 문제는 페이스북, 링크드인, 트위터처럼 유명 SNS에서는 사용자가 너무 많아 능력 있는 구직자를 분별해내기 어렵다는 점이다.

그 결과 병원처럼 전문직을 채용하는 기관은 특정 분야의 전문가들이 주로 활동하는 SNS와 홈페이지를 활용한다. 미국 의사들의 60퍼센트가 가입한 SNS 독시미티의 경우 의사들이 비밀리에 전공 분야 관심사를 얘기하는 것은 물론 실시간으로 일자리 현황과 연봉, 근무 조건까지 확인할 수 있다.

내가 활약할 산업 분야를 정하고 그 분야의 사람들이 모여 있는 플랫폼에 내 존재를 알리면 일할 수 있는 기회와 연결될 수 있다.

[Tip]
디지털 능력을 키우는 법

　디지털 상에서 글을 쓰고, 사진을 올리고, 영상을 공유하는 것 외에도 콘셉트에 맞는 다양한 콘텐츠들을 편집하고 큐레이션하는 것과 같은 디지털 능력은 온라인 상에서 내가 존재하는 것을 넘어 내가 누구인지를 증명할 수 있는 자격증 그 이상의 능력이다.

　그렇다면 어떻게 해야 디지털 능력을 키울 수 있을까?

　첫째, 자신에게 맞는 SNS를 선택하라.

　글 중심으로 운영할 거라면 다음카카오의 브런치(brunch)를 이용하는 것도 좋다. 브런치는 좋은 글과 작가를 만나는 공간이라는 콘셉트로 모바일 최적화되어 스마트폰으로 읽기 좋을 뿐 아니라 페이스북이나 카카오스토리 등의 SNS와도 공유할 수 있다.

　젊은 사람들과의 소통을 원하는 사람들에게는 네이버 포스트나 MS의 빙글(Vingle)도 좋다. 네이버 포스트를 꾸준하게 운영하면 상단에 노출될 확률이 높지만 음식, 여행, 뷰티, 연애 등과 같은 콘텐츠가 강세를 보여 4050이 운영하기에는 부담스러울 수 있다. 빙글은 다양한 분야의 관심사 커뮤니티가 개설되어 있는 글로벌 SNS로 관심사 선택을 기반으로 검색이 가능하기에 쓸모없는 정보를 걸러내기 쉽고, 관심 콘텐츠 확보에 용이하다. 이외에도 페이스북 페이지를 통해 카드뉴스 형태의 콘텐츠를 발행하는 것도 좋은 방법이다

당신이 초보라면 무료인데다 누구나 쉽게 글과 사진, 영상 등을 포스팅할 수 있는 네이버나 다음의 블로그가 가장 간편하다. 어떤 채널이든 가장 만만한 채널 하나를 선택하는 게 좋다.

둘째, 콘텐츠를 정기적으로 발행하라.

'매주 수요일 오전 11시'와 같이 콘텐츠 발행일을 공개적으로 알린다. 모바일 포스터 형태로 프로그램 이름까지 명확하게 넣어 언제, 어디서, 무엇을, 어떻게, 왜, 누가 하는지를 공개하는 것이다. 방송사에서 신규 프로그램을 론칭하는 것과 같다고 보면 된다. 예고 포스터를 만들어 발행 일정을 공식화하는 것이 중요하다. 이때 6개월 정도를 시즌 1으로 정해 정식으로 론칭해보라.

가장 확실하게 디지털 능력을 키우고 싶으면 100일 동안 매일매일 발행하는 방법이 있다. 그렇게 나와의 싸움에서 이기고 나면 스스로가 대견할 것이고, 실력 또한 일취월장해 있을 것이다.

셋째, 자신만의 주제를 정하라.

이것저것 닥치는 대로 포스팅하게 되면 나중에는 스스로도 뭔 말을 했는지, 잘하는 것인지, 심지어는 이걸 왜 하고 있는지도 모르게 된다. 관심있는 분야를 정하고 시즌 1이 진행되는 동안에는 한 주제에 관련된 것만 포스팅하는 게 중요하다. 그러다 보면 밑천이 바닥나게 되고 결국 쓸말이 없는 자신과 만나게 될 것이다. 그런 후에야 쓸 말을 찾기 위해 필요한 책도 읽고, 강연도 찾아 보고,

관련 기사나 논문도 보게 될 것이다. 물론 사람을 만나거나 드라마나 영화, 광고를 보더라도 내가 써야 할 주제와 관련된 내용만 보고 듣게 될 것이다. 쓰기 위해 보는 것은 지금까지 보던 것과는 완전히 다른 세상이었음을 깨닫게 될 것이다.

넷째, 무조건 끝까지 해보라.

일단 시작하기로 하고, 시작했으면 잘하든 못하든 신경 쓰지 말고, 주변의 조언이나 비판에 휘둘리지 말고 무소의 뿔처럼 그냥 우직하게 가는 게 중요하다. 회식도 잦고, 만나는 사람이나 할 일도 많고, 피곤해지기도 할 것이다. 의도하던 의도하지 않던 계획을 방해하는 무수한 적들과의 싸움에서 살아남아야한다. 그런 과정을 통해 내가 나를 인정하게 될 것이고, 어려운 걸 해낸 스스로에 대한 자부심이 생길 것이다.

디지털 플랫폼에서 놀아라

당신은 어느 정류장에서 멈출 것인가?

어떤 사람들과 만나고 교류할 것인가?

어떤 플랫폼에서 무엇을 사고 팔 것인가?

이제 세상은 인터넷을 통해 모든 것이 연결되었고, 그 연결된 세상에서 수많은 사람들이 들고나는 장터가 바로 플랫폼이다.

플랫폼의 가치는 바로 개방과 공유에서 나온다. 내가 어떤 가치를 개방하고 공유하는가에 따라 얼마나 많은 사람들, 즉 소비자가 모일 것인지가 결정되며, 이용자가 많으면 많을수록 플랫폼을 통해 또 다른 가치들이 공유될 수 있기 때문이다.

인터넷이 도입된 이후 두각을 나타내는 것은 구글, 애플, 페이스북, 아마존 같은 강력한 플랫폼을 구축한 기업들이다. 플랫폼은 원래 기차를 타고 내리는 정거장을 이르는 말이었으나 오늘날에는 그 뜻이 확대되었다. 플랫폼이란 수요와 공급이 만나도록 하는 생태계를 형성하는 공간이라는 의미로 네트워크 시대에 비즈니스의 새로운 수단으로 급부상하고 있다.

그렇다면 어떻게 해야 성공적인 플랫폼을 만들 수 있을까?

성공적인 플랫폼

플랫폼에는 소비자와 생산자 그리고 광고주가 있다. 이들은 언제든지 유기적으로 역할이 바뀔 수 있다. 소비자가 생산자가 되기도 하고, 생산자가 광고주가 되기도 한다. 핵심은 소비자와 생산자이고 이들의 관계는 무언가를 공유하거나 사고파는 사이라는 것이다.

무료로 제공 가능한 무엇이 있어야 한다

플랫폼이 성공하기 위해서는 일단 제3자에게 매력적인, 그러면서도 무료로 제공할 수 있는 그 무엇이 있어야 한다. 그 무엇은 특허기술, 지식, 서비스처럼 누군가가 간절히 원하는 것일 때 훨씬 더 큰 효력을 발휘할 수 있다. 결국 '나눔'의 가치가 빛을 발하는 곳이 디지털 플랫폼 세상이다.

세계적인 플랫폼 기업인 구글과 애플은 프로그램 개발자들이 마음 놓고 사용할 수 있는 응용프로그래밍인터페이스(API)를 무료로 개방했다. 덕분에 세계적인 앱 개발자들이 애플과 구글로 몰려들었다. 그들은 애플이 공개한 오픈소스를 사용해 앱을 개발하고 그 앱을 다시 애플 앱스토어에 올려 판매한 후 수익을 나누는 방식으로 거대한 플랫폼을 형성했다.

만일 애플이 우리나라의 대기업이었다면 각종 앱을 만드는 개발자들을 고용해서 앱을 개발하고 그 앱의 출시를 대대적으로 광고한 후 그 수익의 대부분을 대기업이 가져갔을 것이다. 물론 대기업이 생각하는 앱만 만들었을 것이기에 소비자들의 다양한 니즈가 반영되지 못했을 것이고, 소비자는 제한된 앱들 중에서 선택해야 하는 구조였을 것이다.

하지만 애플은 오픈 플랫폼 회사로 누구나 원하는 사람은 자신이 개발한 앱을 판매할 수 있고, 판매가 되면 얼마든지 돈도 벌 수 있는 투명한 시장을 만들어가고 있다.

무인자동차를 개발중인 자동차회사 테슬라 또한 전형적인 제조업이지만 플랫폼 기업으로 다시 태어났다. 그는 지구인들의 화성이주 프로젝트를 꿈꾸고 있다. 그러기 위해서는 석유가 아닌 전기자동차가 상용화되어야 한다고 생각한 엘론 머스크(Elon Musk)는 전기자동차의 모든 특허기술을 공개하는 '오픈소스 운동(open source movement)'을 벌였다. 그 이유는 더 많은 전기자동차가 상용화되어야 자신이 꿈꾸는 화성이주 프로젝트가 성공할 것이라고 생각했기 때문이다.

이들 기업의 사례는 가장 좋은 기술을 무료로 공개함으로써 제 3자로부터 신뢰와 존경을 얻게 되고, 충성도 높은 고객들이 모이면서 가치를 되돌려 받는다는 플랫폼 정신을 보여준다.

그뿐 아니다. 재능이나 지식으로 먹고 살아야 하는 아티스트나 지식노동자, 아이디어 노동자들에게 플랫폼은 기회의 장을 제공하기도 한다.

웹툰 서비스 플랫폼인 네이버 웹툰을 통해 신인작가가 등단하고, 많은 고객들로부터 좋은 반응을 얻은 작가는 스타작가로 유명해지고 돈도 많이 벌 수 있다.

신인으로 시작해 3년 만에 스타작가가 된 맛스타 또한 그 중 하나다. 그는 대기업 10년 차 정도의 평균 연봉을 한 달에 벌어들이고 있다. 한 인터뷰에서 그는 만약 온라인 플랫폼이 되어준 웹툰이 아니었다면 기존의 출판 시장을 통해서는 등단하지도 못했을 것이고, 이렇게 빠르게 성장하지도 못했을 것이며 아마도 중간에 포기했을 것이라고 말했다.

버티컬한 아이템으로 승부수를 띄워야 한다.

스타트업인 경우 세상의 모든 서비스를 다 무료로 주고 싶은 마음만큼 자금이나 인력이 충분치 않다. 골드칼라 노동자로 살아야 하는 우리 대부분이 사용할 수 있는 전략은 세분화된 아이템으로 틈새시장이나 특화시장을 점유하는 것이다.

남성 맞춤정장을 전문으로 하는 스트라입스(STRIPES)는 플랫폼 형태로 기업을 창업했다. 맞춤정장을 인터넷으로 판매하는 이 회사는 직원이 고객을 직접 방문해 신체치수를 재고 원하는 디자인과 색상, 옷감을 고를 수 있도록 도와주는 서비스를 무료로 제공한다. 고객은 셔츠나 정장이 필요할 때 매장에 가지 않고도 자신에게 맞는 정장과 셔츠를 인터넷으로 주문할 수 있다.

스트라입스의 데이터베이스에는 한 번 구매한 고객이라면 신체치수와 스타일 정보가 저장되어 있어 고객은 클릭 몇 번만으로 자신에게 딱 맞는 셔츠와 정장을 입을 수 있다. 쇼핑할 시간이 없는 비즈니스맨을 공략하는 데 성공한 것이다. 스트라입스의 재구매율이 70퍼센트 이상이라고 하니 머지않아 기성복 시장에서 긴장할 만한 경쟁자가 되지 않을까 싶다.

이 회사의 성공 요인은 버티컬한 아이템인 남성 정장 하나에 집중했다는 것이다. 하나에 집중하면 그 분야에서 타의 추종을 불허할 만큼 잘하게 된다는 장점이 있다. 플랫폼에서는 일단 전문화를 통한 안정적인 성장 후에 다각화를 추진하는 전략이 유효하다.

플랫폼 세상의 황금률

더 좋은, 더 나은, 더 값싼 물건들은 앞으로도 끊임없이 생산될 것이고, 누구나 그 물건을 가져다가 팔 수 있을 것이다. 물론 지금도 가능하다. 그렇다면 거래를 용이하게 하는 가장 중요한 요소는 무엇일까? 바로 '사람' 그 자체다. 사람들은 이제 물건 자체에는 그다지 궁금증이나 의심을 표하지 않는다. 어차피 좋은 물건은 계속해서 세상에 나올 것임을 믿기에. 그 물건을 파는 사람에게 점점 더 까다로운 기준을 들이대고 있다.

당신은 끊임없이 그 사람에 대해 판단하고 평가하고 재고 따지게 될 것이다. 이 이야기는 디지털 평판으로 그 사람과의 거래를 판단한다는 의미다. 물론 다른 사람들이 나에 대해 따지는 것도 마찬가지다. 우리는 그렇게 서로 조사하고 재고 따지게 될 것이다. 점점 더 까다롭고 혹독한 방법과 기준으로 타인에 의해 매겨진 점수가 내 일상을 지배하는 세상이 오고 있다. 이제는 나 자신도 플랫폼이 되어야 한다.

내가 어떤 분야에 관심이 있는지, 그 분야에 대해 어떤 성과를 만들어왔는지, 앞으로도 그 분야에 머물 것인지가 바로 그 분야에 관한 전문가인지 아닌지를 판단하는 근거가 된다. 좋은 디지털 평판을 위해서는 지속성과 일관성이 더욱 필요한 이유다.

당신은 어떤 기술을 공유할 수 있는가?

당신이 가진 특허기술은 무엇인가?

다른 사람들에게 가치가 있는 것인가?

당신이 완전히 주도할 수 있는 분야에서 버티컬한 아이템은 무엇인가?

플랫폼 세상에서는 먼저 주어야 받을 수 있다는 황금률이 그대로 통한다. 당신은 무엇을 주고 무엇을 얻을 것인가?

의외로 그리 거창할 필요가 없을지도 모른다. 내가 먼저 했던 경험, 지금 하는 일에서 알게 된 지식, 조금 더 오래된 숙련된 기술, 지치지 않는 열정, 남는 방, 노는 차, 남는 시간 등을 공유하겠다고 생각하면 된다. 눈부신 IT기술의 발전으로 디지털 플랫폼을 이용하거나 직접 만드는 데 그리 많은 시간과 비용이 들지 않는다. 누구나 마음만 먹으면 시작할 수 있다.

사물인터넷, 인공지능, 3D 프린터, 드론 등의 4차 산업혁명을 주도하는 기술들이 일반화되면 개인은 어떻게 자신의 미래에 대비해야 하는가?

디지털 생산자가 되어야 한다

우리나라는 IT 강국이긴 해도 콘텐츠 강국은 아니다. 대부분의 사람들이 주로 게임이나 검색과 같은 디지털 소비자에 머물고 있기 때문이다. 분명 현명한 소비자보다는 꾸준한 생산자가 부자가 된다. 디지털 세상에서 돈을 버는 방법은 디지털 생산자가 되는 것이다.

콘텐츠 생산력을 강화해야 한다

4차 산업혁명으로 경제구조는 빠르게 플랫폼 경제로 전환될 것이다. 그런데 PC 플랫폼 하면 마이크로소프트, 검색 플랫폼은 구글, 상거래 플랫폼은 아마존, 그리고 스마트단말 플랫폼은 애플과 삼성 같은 식으로 시장을 선점한 글로벌 기업들이 독점하고 있다.

그러나 IT 기술을 중심으로 융복합이 이뤄지는 디지털 시대가 가속화되면서 콘텐츠 영향력이 높아지고 있다. 대중은 특정 플랫폼을 선호한다기보다 콘텐츠에 따라 움직이게 된다는 말이다. 따라서 강력한 콘텐츠 생산력을 갖춘 플랫폼이 경쟁력을 가지게 될 것이다. 향후 국가 간 부는 지배적인 글로벌 플랫폼을 보유한 국가로 집중될 것으로 예상된다.

끌리는 콘텐츠로 승부해야 한다

디지털 평판경제시대에는 부의 쏠림 현상이 너욱 심화될 것이다.

정부가 아무리 평생교육과 직업훈련을 강화하더라도 대부분 보편적 서비스에 머물 것이므로 독창적이며 매력적인 콘텐츠를 만들기 위해 부단히 노력해야 한다. 어차피 교육의 목적이 공평한 사회를 만드는 게 아니기에 누가 더 사람들에게 어필할 수 있는 기막힌 콘텐츠를 만들 수 있느냐가 관건이다.

이런 콘텐츠는 대학이나 대학원에서 학위를 따거나 논문을 쓴다고 해서 키워지는 능력이 아니다. 직접 시도하고, 끊임없이 피드백을 받고, 포기하지 않고 끝까지 갔을 때 승부가 나는 게임이다.

성공적인 미들맨이 되는 법 [8)]

대니얼 앨트먼(Daniel Altman) 뉴욕대 스턴비즈니스스쿨 교수는 국가·기업·개인 간 거래를 촉진해 새로운 시장을 만들고, 이를 통해 돈을 버는 기업을 '미들맨'이라고 정의했다. 그는 대표적인 미들맨으로 알리바바를 꼽으며, "사업 아이템이나 중개 방식이 다양해지고, 소비자의 범위가 넓어지면서 미들맨 역할을 하는 기업이 더 많아질 것"이라고 예상했다.

그렇다면 어떻게 해야 성공적인 '미들맨'이 될 수 있을까?

첫째, 플랫폼을 제대로 활용할 줄 알아야 한다.

미들맨 중에는 플랫폼을 잘 만들어 수익을 내는 기업이 많다. 플랫폼을 잘 만들어 성공한 기업 중 하나가 바로 애플이다. 애플은 지난 2003년 당시에는 생소했던 유료 음원 사이트 아이튠스(iTunes)를 만들었고 그를 통해 여러 판매자가 음원을 팔고, 판매자들의 수익 가운데 일부를 수수료로 챙기는 애플의 사업 모델은 큰 성공을 거둔 것이다.

알리바바, 이베이, 아마존 등 전자상거래 업체들이 성공한 이유도 단순하다. 어떤 기업도 전 세계에서 동시에 사업을 할 수 있는 기반과 능력을 갖고 있지 않기 때문에 각자의 필요한 부분을 찾아 연결하는 미들맨이 필요해진다.

스마트폰 앱을 플랫폼으로 활용해 공급자와 소비자를 직통으로 연결해주는 공유경제 분야의 기업들도 미들맨에 포함된다. 빈방을 공유하게 해주는 에어비앤비나 당장 사용하지 않는 승용차를 콜택시처럼 쓸 수 있게 해주는 우버가 그 예다.

둘째, 필터링 능력이 있어야 한다.

한 시장에서 개발된 제품 중 어떤 상품이 다른 시장에 진출할 것인지를 찾아내는 것도 미들맨의 역할 중 하나다. 처음부터 일일이 상품을 만드는 것보다 비용이 저렴하고, 다른 시장에서 성공한 상품을 가져와 파는 것이기 때문에 위험 부담도 적다.

필터링을 제대로 하려면 좋은 상품을 찾아내고, 이를 어디에 팔 것인지 판단하는 능력이 필요하다. 플랫폼을 주력으로 한 미들맨들이 판을 크게 키워 돈을 번다면 필터링 능력이 있는 기업들은 판돈을 크게 걸 곳을 찾아주는 역할을 하는 아주 영리한 사업 모델인 셈이다.

셋째, 현지화가 중요하다.

라코스테는 프랑스의 의류업체지만, '현지화'에 능한 미들맨들을 잘 활용해 전 세계에 널리 알려졌다. 이 의류업체는 악어 로고가 붙은 셔츠, 바지, 재킷, 신발, 액세서리를 판매한다. 그런데 라코스테가 모든 나라에서 똑같은 의류를 파는 것은 아니다. 가령 아르헨티나에서는 현지 디자이너들을 고용해 라코스테 제품을 다시 디자인한다. 이 디자이너들은 프랑스 본사의 디자인을 기본으로 현지인의 취향에 따라 자유롭게 디자인을 수정할 수 있는 재량권을 가지고 있다. 중국 가전제품 회사 하이얼 역시 같은 제품이라도 해외시장에 따라 여러 버전을 만든다.

마지막으로 해결사 역할을 해야 한다.

게임의 법칙이 다르게 적용되는 곳에서 기업이 동시에 비즈니스를 할 수 있도록 지원하는 이른바 '해결사' 역할의 미들맨에 대한 수요가 점점 늘고 있다. 다국적 기업들의 이해관계가 얽혀 있는 법률 문제에 대한 해답을 찾는 대형 로펌, 세계 각국에 금융 거래 기반을 갖추고 있는 은행과 보험사 등이 대표적이다. 국제 거래는 점점 많아지고 복잡해지고, 규모도 커지고 있다. 이와 관련된 문제를 잘 해결하는 기업이나 개인이 앞으로 더 많은 기회를 잡게 될 것은 자명한 사실이다.

자신의 10퍼센트를
새로운 사업에 투자하라

"나는 남들이 부러워하는 대기업의 직원이자 '직장인'이라는 틀에 꼭 맞는 사람이었다. 누군가에게는 가슴 뛰는 선택이겠지만 나는 사업이라는 말 자체가 두려웠다. 그러나 어느 날 찾아온 금융위기가 모든 것을 바꿔놓았다. '직장생활을 하면서도 사업을 할 수 있지 않을까?'라는 생각이 떠오른 것이다. 내가 가진 자원과 시간의 10퍼센트 정도만 투자하면 가능해 보였다. 그 생각 하나로 뛰어든 지 어느새 5년, 나는 12개의 사업을 운영하는 사업가가 되었다."

평범한 월급쟁이에서 월스트리트가 주목하는 12개 회사의 오너가 된 패트릭 맥기니스(Patrick McGinnis)의 말이다. 그는 회사는 결코 당신의 미래를 책임지지 않는다며 10퍼센트 사업가가 될 것을 추천한다. 10퍼센트 사업가란 본업을 유지하면서 자신이 갖고 있는 자원의 10퍼센트를 새로운 사업에 투자하는 사람을 말한다. 이는 필자가 지속적으로 강조하고 있는 다양한 아이템 포트폴리오를 만들라는 것과 일맥상통한다.

본업을 유지하면서 새로운 일 도모하기

월스트리트에서 10여 년간 벤처캐피털리스트이자 사모펀드 투자자로 활동한 패트릭 맥기니스는 금융위기를 계기로 '10퍼센트 사업가'로 변모해 12개 사업을 한 그의 경험담을 《나는 직장에 다니면서 12개의 사업을 시작했다》라는 책에 담아내기도 했다.

하버드 비즈니스스쿨을 졸업한 맥기니스는 확실한 미래가 보장된 샐러리맨이었다. 그는 불안정한 사업을 꿈꿀 필요가 없었고 직장인으로서의 생활에 스스로를 최적화시켜왔다. 하지만 2008년 금융위기로 갑작스럽게 좌천당하는 상황에 처하며 자신의 미래를 책임지지 않는 현재의 직장에 운명을 걸지 않기로 결심하고 새로운 일을 도모하기 시작했다.

그는 매달 꼬박꼬박 들어오는 월급과 인정된 근무환경을 포기하지 않았고, 사업 실패에 대한 리스크를 무릅쓰지 않은 채 자신이 가진 자원의 10퍼센트 투자로 사업을 시작하기로 한다. 그렇게 시작한 지 5년, 맥기니스는 세계 최대 온라인 뷰티 커뮤니티인 잎시(iPsy), 세계 최초의 스마트 여행가방인 블루스마트(Bluesmart), 콜센터업계에 혁명을 일으킨 데이터 전문업체 어피니티(Afiniti) 등 월스트리트가 주목하는 12개의 사업체를 거느리는 사업가가 되었다. 그는 '10퍼센트 사업가'로 활약하여 투자금의 두 배를 현금화했고, 그가 보유한 지분은 투자 당시보다 시장가치가 열 배 이상 늘어났다.

그는 자신 있게 말한다. 10퍼센트 사업가가 되는 것만이 월급 이외의 수입뿐 아니라 미래를 향한 기회와 가능성을 여는 가장 안전하면서도 유일한 길이라고 말이다.

직장에 다니면서 사업을 운영하는 일이 가능한 것일까?

겉으로만 보면 잔소리하는 상사도 없고 내가 좋아하는 일을 할 수 있는 전업 사업가의 삶이 오히려 더 유리해 보인다. 하지만 전업 사업가로 산다는 것은 10퍼센트 사업가로 사는 것보다 훨씬 어려운 일이다. 정해진 업무시간도 없이 일에 매달려야 하고 안정성도 없는데다 쥐꼬리만 한 수입에 만족해야 하는 경우가 허다하기 때문이다.

맥기니스는 본업의 안정감과 사업가로서의 자유를 한데 묶을 방법, 사업의 모든 장점을 누리면서도 실패의 함정에 빠지지 않을 방법을 강구했다. 직장을 그만두지 않고 사업을 운영할 수 있다면 충분히 가능한 일이었다. 관점을 바꾸자 사업은 위험을 감수해야 하는 일에서 안전한 보험으로 바뀌었다. 그는 그렇게 자신의 10퍼센트를 바탕으로 사업을 시작했다.

이 책을 쓰는 나 또한 10퍼센트 사업가 중 한 명이다.

"당신의 월급통장은 몇 개입니까?"

현 직장에서 매달 꼬박꼬박 나오는 월급이 소득의 전부라면 지금 당장 10퍼센트 사업가로의 길을 모색해야 한다. 나도 단 하나의 월급 통장으로 시작해 지금은 저자 인세, 강연료, 방송 출연료, 진행료, 퍼스널 브랜드 컨설팅 수임료, 브랜드 매니지먼트 월정액, 엠유 회사 대표 급여, 개인브랜드사관학교 운영료, 부동산 투자수익금 등이 정해진 날이 아닌 프로젝트 수행일 기준으로 내 통장으로 들어온다. 물론 모든 돈이 매달 꾸준하게 들어오는 것은 아니다. 어떤 시기가 되면 중단되기도 한다. 하지만 나는 지금도 꾸준하게 활동하고 있고, 그 활동은 모두 포트폴리오가 되어 새로운 수입을 만들기 위한 시간을 견디고 있는 중이다.

지금까지의 포트폴리오가 주로 나의 역량이나 지식, 경험을 토대로 이루어진 직업이라면 10퍼센트 사업가는 비관련 사업이라도 관심을 가지고 협력할 수 있거나 투자할 수 있는 대상이라면 무엇이든 가능하다. 어떻게 하면 되냐고 묻는다면 직접 해보면 안다고 말하겠다. 뭐라도 딴짓을 해야 새로운 아이디어와 기회를 얻을 수 있다. 저작권, 특허, 온라인쇼핑몰 등 각종 프로젝트를 통해 뭐라도 시도해봐라. 끌리는 아이디어를 시험해볼 기회는 도처에 널려 있으니까.

일하고 싶은 시간에 일하고 싶은 장소에서 인터넷, 스마트폰, 노트북만 있어도 얼마든지 일을 시작할 수 있는 시대다. 전 세계 연결된 사람들을 대상으로 얼마든지 내가 가진 아이디어, 능력, 큐레이션한 지식, 기술, 다양한 콘텐츠, 다른 사람들의 제품과 서비스 등을 팔 수 있는 유연성이 있는 시대다. 공유경제 덕분에 일을 시작하면 큰 비용을 들이지 않고도 얼마든지 빠르게 일을 처리할 수 있다. 전 세계에 사무공간을 제공하는 업체가 있고, 인터넷 잘 터지는 카페에서 일할 수도 있고, 필요한 인력을 연결해주는 업워크 등의 온라인 알선 사이트를 통해 세계 곳곳의 프리랜서에게 웹사이트를 의뢰하고, 로고를 디자인하고, 회사소개서를 만들고, 인터넷방송을 만들고, 라디오 광고를 녹음할 수도 있다. 핵심은 내가 무엇에 끌리는가이다.

10퍼센트 사업가가 맘에 드는 이유는 투자 마인드를 갖게 한다는 것이다. 앞서 내가 아무리 열심히 일하고 인정을 받는다 해도 전문가로 살거나 1인 기업이나 프리랜서로 살게 되면 큰돈을 벌지 못할 수도 있다. 기업가가 되라는 것은 사업을 하라는 말이다. 그리고 10퍼센트 사업가는 모든 걸 다 걸고 올인하라는 말이 아니라 당신의 역량을 발휘할 수 있는 분야라면 자금, 시간과 재능을 투자해서라도 그 회사의 오너가 되라는 말이다. 그렇게 작지만 여러 곳에 다양한 투자처가 생기면 그것이 바로 투자 포트폴리오가 되는 셈이다.

어떤 일이 먼저 터질지는 알 수 없지만 그 중 하나라도 잭팟이 터진다는 생각만 해도 짜릿하지 않은가. 확실한 능력을 갖춘 좋아하는 사람들과 가슴 뛰는 일을 설계하는 것만으로도 얼마나 기분 좋은 일인가.

10퍼센트 사업가가 되는 법

지금까지 쌓아온 커리어에 사업이라는 요소를 끼워 넣어 10퍼센트 사업가가 되는 방법은 무엇일까? 패트릭 맥기니스는 다음과 같이 10퍼센트 사업가가 되는 방법들을 소개한다.

엔젤형 10퍼센트 사업가

자금이나 노하우 혹은 양쪽 모두 활용해서 다른 사람이 기업을 키우는 데 일조한다. 직접 회사를 세우는 대신 남이 창업한 벤처기업이 성공할 수 있도록 내 시간을 할애하여 기여하는 것이다. 신생 벤처의 엔젤투자자가 되는 것은 10퍼센트 사업가로 거듭나는 첫걸음이다. 나도 마찬가지였다. 크라우드 펀딩을 통해 투자한 회사에서 비록 소액이긴 했지만 24퍼센트의 수익률을 올리기도 했다.

엔젤형 사업가가 되려면 자금을 직접 투사해야 한나. 서금이 씰요한 곳에 소액을 투자한다면 별다른 영향력을 미치지 못하겠지만 소규모 자본금을 모집하는 회사라면 분명 자신의 목소리를 낼 수 있을 것이다. 물론 급성장하는 기업이라면 맞닥뜨리는 문제해결에 도움을 줄 수 있고, 직접 뛰어들어 필요한 일을 해주면서 땀의 지분을 받을 수도 있다. 엔젤형이 되라는 말은 결국 돈을 투자하거나 땀을 투자해서 그 회사의 주주, 즉 주인이 되라는 의미다.

고문형 10퍼센트 사업가

자신의 경험과 전문지식으로 투자하는 형태다. 고문형 사업가는 인재를 고용할 역량을 키울 때까지 필요한 지식의 빈틈을 메워주는 역할을 한다. 이들은 매월 일정 시간을 할애하고 주식으로 보상을 받는다. 자신의 역량에 따라 필요한 지식과 조언을 제공한다. 주요 인사를 소개하거나 각종 서류를 검토하거나 마케팅, 자금 조달에 직접적인 도움을 주기도 한다.

대부분의 고문형은 0.2~2퍼센트의 지분을 받으며 계약기간 동안 정해진 시간을 할애해서 기업 운영에 참여하는 것이다. 페이스북 본사 건물에 벽화를 그려 넣은 데이비드 최는 0.25퍼센트도 안 되는 지분을 받았지만, 페이스북 상장 당시 환산한 금액은 수억 달러에 달했다. 자신의 재능을 지분과 교환할 수 있을 때 선택가능한 사업이 바로 고문형이다.

창업자형 10퍼센트 사업가

본업을 유지하는 동시에 벤처 사업을 운영하는 유형이다. 처음 시작은 두 갈래 길이지만 일정 시간이 지나 새로 시작한 벤처 사업이 성장일로에 서면 선택을 해야 한다. 본업을 그대로 할 것인지, 아니면 새로 시작한 사업에 올인할 것인지. 어차피 둘 중 훨씬 잘 되는 쪽으로 모든 시간과 에너지를 쏟게 되는 게 정상이다. 물론 엔젤형이나 고문형보다 위험부담이 클 수는 있지만 반대로 훨씬 큰 수익을 얻을 수 있다는 장점이 있다.

주의할 점은 본업과 다른 일 사이의 균형을 잘 유지해야 한다는 것이다. 더욱이 디지털 시대에 몰래 한다는 것도 불가능하므로 회사에 당당하게 알리고 보고할 것은 보고하고 규칙을 지키며 사업을 해야 한다. 제대로만 하면 오히려 본업에 속한 사람들이 신규 론칭한 사업의 초기 고객이 될지도 모른다.

마니아형 10퍼센트 사업가

자신이 좋아하는 일을 단순한 취미 이상으로 만들고자 할 때 시작하는 사업이다. 춤을 추거나 악기를 연주하거나 노래 부르는 것을 좋아하는 사람이라면 적극적으로 추천하는 사업 형태다. 마니아형 사업가는 가장 좋아하는 취미를 본업으로 삼을 생각은 없지만, 역량을 최고 수준으로 유지하며 프로와 어깨를 나란히 하고 싶어한다. 이들은 수

익창출보다는 열정만으로도 얼마든지 사업을 시작할 수 있다는 장점이 있다. 좋아하는 일을 잘할 때까지 하겠다고 마음먹으면 분명 기회가 온다.

예능 프로그램 〈판타스틱 듀오〉에는 마니아형 사업가가 많이 출연한다. 가수보다 더 가수 같은 끼와 실력을 겸비한 일반인들을 보는 재미가 쏠쏠하다. 그중 누구라도 싱글앨범을 내고 진짜 가수로서의 직업적 성공을 이룰지, 기존 가수의 제안으로 협업 무대를 꾸미게 될지 아무도 모른다. 실제로 가수 이선희의 파트너였던 한 일반인은 이선희의 콘서트에 당당히 초대되어 함께 공연을 했다고 한다. 좋아하는 일을 잘하면 얼마든지 눈에 띌 수 있는 시대인 것이다.

110퍼센트형 10퍼센트 사업가

현재 100퍼센트 집중하고 있는 전업사업가라도 투잡으로 엔젤형과 고문형으로 얼마든지 10퍼센트 사업가가 될 수 있다. 이런 사람을 110퍼센트 사업가라 부른다. 이들은 자신이 운영하는 스타트업 외에 다른 벤처기업의 지분을 소유하고 포트폴리오를 다각화할 수 있게 된다. 사실 한 번 사업에 물꼬를 트면 꼬리에 꼬리를 물고 기회가 연결된다는 것을 알게 된다. 그때 성장 가능성이 높거나 전업사업과 연관된 회사의 지분을 소유하면 양쪽 모두 윈윈이 될 수 있다.

지금 소개한 방법 중 어떤 것이라도 당신이 할 수 있다고 생각되는 것이 있다면 일단 시작해보자. 10퍼센트 사업가의 자원이라면 시간 자본, 금전 자본, 지적 자본을 갖추면 되고 내가 가진 자본의 100퍼센트 중 일단 10퍼센트만이라도 여유를 만들어 무언가에 도전하다 보면 처음엔 딴짓이고 뻘짓 같아 보이는 일들이 분명 생각지도 못한 수익으로 돌아올 것이다. 그리고 그런 도전 자체를 프로젝트로 여기면 분명 당신의 빛나는 아이디어가 두각을 나타내는 날이 온다.

나 또한 그때그때 이런 방식들을 도입해서 때론 마니아형으로, 고문형으로, 엔젤형으로 투자를 진행했고, 때론 110퍼센트형으로 수익을 다각화할 수 있는 수입 포트폴리오를 만들어왔다. 여러 개의 직업을 가지려면 재능을 키우면서 이렇게 사업가 마인드를 동시에 키워야 한다.

지금 하는 일이
곧 '나'라는 브랜드다

무언가 새로 시작하려고 할 때 가장 많이 듣는 말은 "이미 다 있다"일 것이다. 세상에 새로운 것이 없다는 말은 틀렸다. 물건을 살 때 정말 필요해서 사는가 아니면 새롭다고 인식해서 사는가? 같은 물건도 어떻게 하면 더 싸게, 더 새롭게, 더 아름답게, 더 매력적으로, 더 그럴듯하게 만드느냐에 따라 얼마든지 다르게 보일 수 있다. 결국 내가 어떻게 생각하고 일하느냐에 따라 얼마든지 달라질 수 있다.

"만약 어떤 일에서 더는 재미와 즐거움을 찾을 수 없다면 드디어 다른 일을 찾아야 할 때가 된 것이다. 불행한 시간을 보내기에는 인생이 너무 짧다. 아침에 일어나면서부터 스트레스를 견뎌야 하고, 비참

한 기분으로 일터에 나간다면 삶에 대한 올바른 태도가 아니다.”

창조경영의 아이콘으로 불리는 버진그룹 CEO 리처드 브랜슨의 말이다. 실제로 버진그룹은 고객을 흥분시키고 즐거움을 줄 수 있는 것이라면 무엇이든 판매하는 기업이다. “자신의 분야가 무엇이든 항상 열정적이어야 하며, 자신이 하는 모든 일에서 즐거움을 창조해야 한다”는 그의 철학이고 버진그룹의 브랜드 철학이기도 하다. 일이 곧 놀이고, 놀이가 일인 것이다.

지금 하는 일에 자신의 모든 것을 걸어라

당신이 지금보다 더 나은 삶을 꿈꾼다면 그 역시 옳다. 스스로 더 나은 삶의 모습을 구체적으로 정의내리고 그렇게 보이기 위해 필요한 바로 그 일을 하게 된다면 말이다.

단, 서두르면 안 된다. 현대경영학의 창시자로 불리는 경영학자 톰 피터스(Tom Peters)는 더 나은 결과를 위해서라면 '과속'하지 말라고 경고한다. 남성의 면도 방식을 재창조한 면도기 질레트를 개발하는 데에는 7년이 걸렸다. 페이스북이 수익을 낸 것도 창업 후 7년이 지나서였고, 예술가들의 전성기가 시작되는 것도 7년 후부터라는 것을 기억해보라.

지금 현재 하고 있는 프로젝트가 1년 후에도 자랑할 만한 것인지, 5년이나 10년이 지난 후에도 특별함을 유지할 만한 것인지 자문해야 한다. 놀랄 만한 프로젝트가 아니라면 몇 번이고 재구상하고 다시 하는 것을 반복해야 한다.

결국 지금 내가 하고 있는 일이 바로 나 자체이고, 그것이 곧 내가 누구인지를 증명하게 될 개인 브랜드다. 그러니 보다 나은 방식으로 일해야 하지 않겠는가?

이에 톰 피터스의 보다 나은 프로젝트를 위한 제안을 받아들여보자. 그것이 바로 아이디어로 일하는 골드칼라의 방식이기도 하다.

- 1년 후에도 자랑할 수 있는 일인가?
- 관련 업종의 잡지에 소개될 만한 프로젝트인가?
- 최소한 부서의 소식지에 실릴 프로젝트인가?
- 당장 프로젝트에 대한 요약본이나 소식지나 잡지에 보낼 보도자료를 작성할 수 있는가?
- 작성한 글에 '와우'라고 할 만한 요소가 있는가?
- 있다면 왜 '와우'인가?
- 이 프로젝트의 결과가 기억에 남을 만한가? 자랑할 만한가?

이런 질문에 답을 하다 보면 현재 진행 중인 프로젝트가 가치가 있는지 없는지를 사전에 체크해볼 수 있다.

프로젝트의 중요성보다 실행자의 책임감이 프로젝트의 성공에 훨씬 더 영향을 미친다는 확실한 증거가 있다. 미치거나 열정을 불사를 프로젝트가 아니라면 차라리 참여하지 않는 편이 낫다.

직장에서 살아남으려면 무언가를 대표하거나 들을 가치가 있는 이야기가 있어야 한다. 보스나 팀원, 기술 어떤 것도 당신을 대신할 수 없다. 지금 하는 프로젝트가 당신의 이력서에 추가될 만한 것인지 스스로 판단할 수 있어야 한다. 사람들이 기억하는 것은 프로젝트 자체가 아닌 그 프로젝트에 임하는 당신의 태도일 경우가 많다.

보스턴대학 미술사 교수인 클로드 세르누치(Claude Cernuschi)의 《잭슨 폴락》 1장에는 저자가 예술가의 경력과 작품을 평가하는 데 사용할 수 있는 범주가 나온다.

- 패션: '멋'이 있었는가?
- 품질: 훌륭한 기술이 구사되었는가?
- 독창성: 기발했는가?
- 영향: 이 예술가의 작품으로 예술계의 방향이 바뀌었는가?

이 기준이라면 내가 하는 프로젝트가 성공할지 성공하지 못할지 예측하는 데 조금도 부족함이 없을 뿐만 아니라 타인의 것을 판단하는

데도 완벽하게 적용해볼 수 있다.

당신이 열심히 하고 있다는 것을 어떻게 증명할 수 있는가?

땀을 뻘뻘 흘리며 정해진 시간 동안 열심히 일하는 모습과 미친 듯 몰입하며 일하는 모습 중 어느 쪽이 당신의 모습과 닮았는가?

결국 우리가 하는 모든 프로젝트는 누군가의 평가에서 자유로울 수 없다. 처음부터 더 나은 것을 꿈꾸기 위해서는 평가의 기준을 명확히 인지하고 그 잣대에 맞춰 현재의 나를 재평가할 필요가 있다. 막연하게 잘하고 있다고 생각하거나 주변 비전문가들의 괜찮다는 말에 위안을 받고 있을 때가 아니다. 자율적인 열정으로 프로젝트에 열중하고 있을 때 창의적 아이디어가 나온다.

반짝이는 아이디어가 더해진 효과적인 솔루션을 생각해내는 것은 지식창조사회와 초연결사회를 살아가야 할 우리 모두에게 주어진 과제다. 그렇게 더 나은 것, 더 기발한 것을 위해 아이디어를 고민하고 실행하고 해답을 찾아가는 방식이 바로 아이디어 노동자, 즉 골드칼라가 사는 법이다. 누구에게나 자신이 잘하는 것을 발견하는 순간이 온다. 이때 중요한 것은 그럴수록 더 잘할 수 있다고 생각해야 한다는 것이다. 여기가 끝이라고 여기는 순간 남은 것은 내리막길뿐이다.

자신이 하는 일이 자랑스러워 미칠 지경이었던 순간을 기억하는가? 내가 하는 일에 스스로 자부심을 갖는 것보다 더 확실한 경쟁력은 없다. 물론 자부심은 나를 위한 일일 때가 아닌 다른 사람을 이롭게 했을 때 얻어지는 가치다. 누군가에게 도움이 되고, 누군가에게 기억될 그 무언가가 바로 내 일이라면 이보다 더 자신의 존재가치를 인정받는 일은 없을 듯싶다.

내가 하고 있는 일이나 작품에 이름표(Name Tag)를 달아 보라. 분명 지금과는 다른 방식으로 일하게 될 것이다. 브랜드는 고객들에게서 '전문성'을 인정받는 믿음의 상징이다. 자신이 재배한 농작물에 자신의 이름을 걸고 판매하는 농부의 상품에 더 신뢰가 가는 것과 같은 이치다.

자신의 이름으로 산다는 것은 지금 하는 일에 모든 것을 건다는 의미다. 내가 재배한 농산물, 내가 만든 음식, 내가 사용하는 화장품, 내가 직접 입어본 의류 등의 판매율이 높은 것도 같은 이유다. 믿을 수 있기 때문이다. 당신이 말하는 내용이나 팔고자 하는 상품에 대한 열정이 없다면 공식적인 언급을 하지 않는 게 낫다. 열정과 신뢰, 관심은 연설 주제와 무관하게 연설자로서의 당신이 '판매'하는 상품이다.

클라이언트 리스트와 프로젝트 리스트를 작성하라

"만약 당신의 작년 이력서와 올해의 이력서가 같다면 당신은 이미 실패한 사람이다."

톰 피터스의 말이다. 자기 전문 분야에서 최고의 서비스를 제공하는 자만이 성공하는 시대에는 매년 이력서에 한 줄이라도 갱신(update)할 수 있는 성과가 있어야 한다.

해마다 이력서를 갱신할 수 있을 만큼 성장하기 위해서는 자신의 경력을 관리하는 노하우를 쌓을 필요가 있다. 이때 마케팅 컨설턴트 베로니크 비엔느(Veronique Vienne)의 방식을 따르는 것이 도움이 될 것이다.

"내 유일한 '경력관리 전략'은 무엇을 배울지 미리 계획하는 것이다."

자격을 갱신하고, 해마다 경력을 업데이트하려면 해마다 무엇을 배울지 사전에 계획해야 한다는 말이다.

"내년엔 무엇을 배울 것인가?"

확실히 '무엇을 해낼 것인가'보다 부담이 적은 질문이다.

이력서 갱신과 함께 클라이언트 리스트와 프로젝트 리스트를 세밀하게 작성하는 것도 경력관리에 도움이 된다. 무소속 프리랜서가 다양한 포트폴리오를 지속적으로 구축해야 하는 이유는 클라이언트와 프로젝트가 끊이지 않고 이어지기를 바라기 때문이다. 의뢰인 리스트를 지속적으로 늘려나가는 것은 시장을 확대하겠다는 의미이고, 프로젝트 리스트를 이어나간다는 것은 수익을 지속적으로 늘리겠다는 의미다.

이 두 리스트는 내가 혹은 내 기술이 시장에서 거래된다는 것이고, 세상에서 가치를 제대로 인정받고 있다고 평가할 수 있는 잣대가 된다. 그리고 프로젝트 리스트에는 다음 단계, 마감시한, 핵심업무, 특이사항 등을 포함한다. 열심히 한다는 것은 제대로 한다는 것이고, 필요한 시기에 필요한 일을 해내게 되면 결국엔 원하는 바를 이룰 수 있다. 클라이언트 리스트와 프로젝트 리스트는 곧 포트폴리오가 되어 나를 증명하는 데이터가 되어줄 것이다.

다른 사람들은 끊임없이 나를 평가하고 평가한 결과로 나를 기억한다. 그러므로 어느 날 문득 내가 되는 게 아니라 내 손안의 클라이언트 리스트와 프로젝트 리스트가 바로 다양한 아이템 포트폴리오가 되고, 그것은 그대로 내가 무슨 일을 하는지, 어떤 수준으로 해내는지를 보여주는 계기판 같은 역할을 하게 된다.

시시하고 하찮은 임무를 하더라도 그 일 자체를 프로젝트라고 간주하고 내가 생각하는 수준 이상으로 끌어올릴 수 있어야 한다. 그리고 이름표를 붙여 보라. 결국 사람들은 생각이 아니라 결과를 보고 나를 판단한다. 내가 기대한 수준 이상이라는 자연스러운 상관관계가 이어지면 그 프로젝트는 나를 지지하고 증명해주는 성공적인 포트폴리오가 된다.

우리는 모두 미래의 프리랜서다. 프리랜서는 나 자신을 위해 고용된 사람이고, 나 스스로 나를 홍보하거나 다른 사람을 고용해 그 일을 대신 맡겨야 한다.

내가 나를 책임지는 시대, 탈직업사회, 그러니까 무소속 프리랜서로 살게 될 미래에는 당신 스스로 시장을 개척할 수 있어야 한다. 그리고 그 시장은 '직업 시장'이 아니라 바로 당신을 필요로 하는 사람들이 있는 네트워크 시장이다. 그러니까 당신이 찾아야 하는 것은 '직업'이 아니라 사람들과 연결될 '기회'여야 한다.

직업인의 사명의 중요성을 보여주는 유명한 일화가 있다. 미국항공우주국(NASA)의 한 청소부에게 "당신은 여기서 무슨 일을 합니까?"라고 물었다. 이 질문에 바닥청소를 담당하는 청소부가 "저는 인간을 달에 보내는 일을 돕고 있습니다"라고 대답했다고 한다. 자신이 하는 일을 '우주탐험'이라는 조직의 원대한 미션의 일부로 생각한 것이다.

당신이 지금 어디에서 무슨 일을 하든 가장 중요한 것은 당신을 지탱하는 '일관성'을 유지하는 것이다. 내가 어떤 사람으로 보이고 싶은지를 정하고, 그것이 내가 하는 다양한 아이템 포트폴리오를 담아낼 바구니로 인식될 수 있어야 한다. 사람들이 기억하는 것은 결국 당신의 분야를 지칭하는 바구니이기 때문이다.

더 나은 것을 꿈꿔라

세계 시가총액 1위와 2위 기업인 애플과 구글, 세계 10대 회사 중 하나인 페이스북이 있는 곳, 전 세계 20~30대 귀재들이 모이는 곳, 세상에서 가장 많은 백만장자와 억만장자를 배출하는 곳, 하루가 멀다 하고 신생 벤처가 생겨나는 곳, 인터넷 기반 SNS 기업은 물론 전기자동차의 리더인 테슬라가 있는 곳, 미국 전체 투자액의 3분의 1이 몰리는 곳, 세상 사람들이 열광하는 신제품이나 새로운 서비스들이 끊임없이 쏟아져 나오는 곳이 바로 미국 캘리포니아의 첨단기술 연구단지 실리콘밸리다.

디지털과 만나 꿈을 현실화하라

실리콘밸리에서 성공하는 창업자들이나 위대한 CEO들이 끊임없이 탄생하는 비결은 '개인역량주의(Individuality)'가 정착했기 때문이다. 한 사람이 엄청난 역할을 할 수 있다는 믿음 말이다. 거기에 더욱 파워풀한 것은 그들의 연결관계다. 학교와 개인, 기업과 개인이 지속적으로 연결관계를 이어간다는 것이다. 우리나라에 골프 열풍을 이어가고 있는 박세리 키즈가 있듯 실리콘밸리에는 잡스 키즈가 있다. 잡스처럼 기업을 만들어 애플처럼 성공하겠다는 꿈을 꾸는 많은 창업자들이 바로 잡스 키즈다. 누군가가 꿈을 이루면 그는 다시 누군가의 꿈이 된다고 했다. 결국 누군가를 존경하고 따라한다는 것은 개인이 성장하는 데 있어 가장 효과가 큰 교육 방법이다.

무소속 프리랜서, 프리에이전트, 마이크로기업가, 1인 기업가와 같은 개인도 누군가 성공한 사람의 열정을 따라하기만 해도 연결을 통해 얼마든지 역량을 발휘해 큰일을 해낼 수 있다. 아이디어로 승부를 보는 골드칼라들에게는 희소식이다. 작지만 결코 작지 않은 가능성을 믿어주는 사회 분위기라면 뭐든 할 수 있다는 것을 의미하기 때문이다.

한국을 대표하는 산업디자이너 김영세 이노디자인 대표가 10년 전 만든 'D(Design)+D(Digital)=D(Dream)' 공식이 현실화되고 있다. Design과 Digital이 만나면 Dream이 이루어진다는 의미이다.

부동산 하나 없는 에어비앤비가 디지털 기술을 이용해 세계 호텔 업계 1위였던 인터켄티넨털 호텔을 제치고 호텔업계 시가총액 세계 1 위를 차지할 수 있었다. 발상을 바꾸면 디지털을 통해 누구라도 더 나은 것, 더 좋은 것을 만들 수 있다.

'D+D+D' 공식에 Design 대신 당신의 주력 분야를 대입하면 당신의 꿈도 현실화될 수 있다.

'Personal Branding+Digital=Dream'

위 공식은 조연심의 브랜드 공식으로 퍼스널 브랜딩이 디지털과 만나면 꿈을 이룬다는 의미다. 브랜드 아이덴티티를 기반으로 오프라인과 온라인으로 연결된 당신이라는 브랜드는 일의 미래에도 여전히 강력한 파워를 발휘하게 될 것이다.

김영세 대표가 말하는 실리콘밸리언들의 기업가정신은 '디자인' 프로세스다. 전에는 디자인이 새로운 상품을 만드는 데 도우미 역할을 해왔다면 지금은 사업의 성패를 좌우하는 비즈니스 모델의 핵심으로 발전했다. 그는 디자인에는 '스몰 디자인(Small Design)'과 '빅 디자인(Big Design)'이 있다고 말한다. 'How to design'의 답을 제공한다면 스몰 디자인이고 빅 디자인은 'What to design'을 연구하는 일이다.

실리콘밸리의 주역들은 새로운 상품이나 서비스가 탄생하는 복적을 '사용자를 위한 창조'라 보며 이것이 바로 '디자인의 기본 개념'이자, 기업가정신의 요체라고 보았다. 그러니까 핵심은 단순한 방법론만이 아닌 존재 자체에 대한 고민이 더해져야 제대로 된 UX(User Experience) 디자인을 완성할 수 있다는 말이다.

실리콘밸리에서 성공하는 창업자들의 첫 번째 공통점은 그들은 세상에 없는 솔루션을 찾으려 한다는 것이다. 두 번째는 그 답을 사용자 입장에서 찾는다는 것이다. 심플하지만 기존의 것과 별로 차별화되지 못하고 사용자를 외면한 기업은 성공하지 못한다는 말과 일맥상통한다.

훌륭한 아웃풋을 만드는 스마트한 목표

후회하지 않는 삶을 바란다면 누구 때문이 아닌 나 스스로의 의지와 선택으로 살아가는 게 중요하다.

"저는 지금 권한이 없어요."

아무런 권한이 없기 때문에 누구도 관심을 갖지 않는 일을 자신만의 스타일로 해낼 수 있다. 당신이 지금 부서의 책임자라면 무엇을 마음대로 할 수 있겠는가. 오히려 '권한 없음'이 더 많은 일들을 과감하게 도전할 수 있는 허가증이라고 여기면 어떨까? 우리를 성공으로 이끄는 길은 '올바른 선택'이 아니라 '다양한 선택'에 있다.

삶의 변화를 만드는 첫 번째 단계는 '맥락'을 변화시키는 것이다. 세상을 보는 시각, 정보 그리고 경험을 걸러내는 과정을 변화시키는 것에서 시작한다.

제대로 된 과정을 설계하면 누구나 바라던 아웃풋을 만들어낼 수 있다. 그리고 그런 아웃풋을 만드는 생산성 피라미드의 가장 아래에 위치한 것이 바로 '지배가치'다. 이는 내가 어떤 기준과 가치에 따라 행동하고 있는지를 보여주는 피라미드다.

나를 지배하는 가치가 돈인가? 아니면 완벽함인가? 그도 아니면 누군가의 인정인가? 당신을 움직이게 하는 지배가치는 당신의 철학을 보여준다.

생산성 피라미드

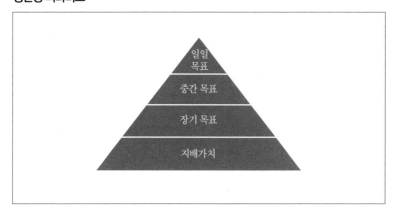

이렇게 생산성 피라미드를 토대로 일을 진행하면 목표 자체가 효과적인지 아닌지를 체크하게 되고 그로 인해 업무 자체를 구체화할 수 있다. 인생의 가치관(지배가치)은 왜, 어떤 일을 하려고 하는지에 대한 이유를 말해준다. 장기 목표는 그 '어떤 일'이 무엇인지를 설명하는 것이고, 중간 목표와 일일 업무는 '언제까지' '어떻게' 할 것인지를 보여준다. 효과적인 목표, 즉 SMART 목표란 다음과 같은 특징을 가진다.

Specific 구체적인가

Measurable 측정 가능한가

Action—oriented 행동 지향적인가

Realistic 현실성이 있는가

Timely 시의 적절한가

가령 올해 100억 원을 벌겠다는 것은 가슴 뛰는 목표라고 할 수도 있지만 솔직히 현실적이지는 않다. 물론 너무 쉽게 이룰 수 있는 목표도 좋은 목표는 아니다. 우리의 능력과 거리가 있는 목표는 쓸모가 없기 때문이다. 객관적으로 볼 때 지금 당장 할 수 없는 목표이거나 목표를 달성하는 데 시간이 너무 많이 걸리는 것도 피해야 한다.

다음은 스마트한(SMART) 목표의 한 예다.

> 스마트한 목표
> 오늘부터 1년 안에 50권의 책을 읽고
> 내 이름으로 된 책을 출판하겠다.

이 목표는 무슨 일을 해낼 것인지 정확하게 표현했고(구체성), 확실한 사건과 날짜가 정해져 있고(측정 가능성), 해야 할 일들을 확정하고 있으며(행동 지향성), 주어진 여건에 상관없이 이루어낼 수 있는 그렇지만 이룰 가치가 있는 목표이고(현실성), 허용된 시간이 합리적이고 너무 길지 않기에(적시성) 효과적인 목표라 볼 수 있다. 이뤄질 수 있는 목표와 이룰 가치가 있는 목표만이 나를 원하는 목적지에 무사히 데려다 줄 수 있다.

사물인터넷 세상에서는 나눌수록 더 많이 얻게 된다는 가치가 지배적이다. 실제로 페이스북도 마크 저커버그가 하버드대학 캠퍼스에서 시작한 이래 가치 있는 것을 나눈 결과 더 많은 것들이 되돌아오게 되어 전 세계에서 15억 명에 달하는 사용자를 확보할 수 있었다. 당신이 무엇을 나누려고 하는지에 따라 되돌아오는 결과가 달라지는 세상이다.

더글라스 케네디의 소설 《템테이션》에 이런 말이 나온다.

"프래드릭은 자신이 원하는 대로 살 것인지 아니면 자신의 의무대로 살 것인지 고민하는 중이었소."

우리 대부분도 이런 고민을 하며 산다. 하지만 우리에게는 의무대로 사는 삶이 더 익숙해 보인다. 지금까지 우리에겐 늘 정답처럼 할 일이 주어졌으니까. 정답대로 사는 사람들에게는 스스로 시간을 통제하는 힘이 없다. 스스로 원하는 것을 찾아 그것을 하기 위해 무엇을 해야 하는지를 결정하고 그 결정대로 하나하나 문제를 해결해나가는 일이 그들에게는 결코 쉽지 않은 일이다.

"어떻게 하면 잘할 수 있죠?"

"어떻게 하면 돈을 많이 벌 수 있죠?"

"어떻게 하면 성공할 수 있죠?"

이 질문들의 공통점은 그 일을 왜 하는지, 무엇을 해야 하는지에 대한 정확한 이해 없이 그저 잘하는 방법만 묻는다는 것이다. 원하는 삶과 의무로 사는 삶 사이의 간극을 메우는 방법은 당신 자신이 불확실해 보이는 바닷물에 먼저 뛰어드는 펭귄이 되는 것뿐이다.

당신이 어디에서 무슨 일을 하든 '더 나은 것'은 언제든 통한다. 지금 이대로도 충분하다고 생각하는 당신이라면 그대로 살아도 좋다. 하지만 지금과는 다른 삶을 원하고, 확실치는 않지만 가슴 설레는 바로 그 일을 하려고 하는 사람들이라면 기억해야 할 것이 있다.

미리 허락을 구하는 것은 곧 "안 돼"라는 대답을 구하는 것이다.

당신의 꿈에 들어가기 위해 자격증이 필요한 것은 아니다. 그저 묵묵히 당신이 그리는 그 길을 따라 걸으면 된다. 그 길이 인터넷으로 연결된 길이기만 하다면 그 꿈은 머지않아 현실이 될 것이다.

4장

골드칼라로
살아가기 위해
필요한 것들

한 걸음 뒤로 물러서서 복잡성을 빨리 받아들일수록
그만큼 더 쉽게 간단한 대답을 발견할 수 있다.
복잡성의 또 다른 측면은 단순함이다.

– 에릭 벌로우(생태학자)

주력 분야를 찾아라

브라이언 트레이시는 말했다.

"자동차는 부드럽게 달릴수록 연료를 덜 소비하고, 바퀴가 잘 정렬되어 있을수록 더 멀리 갈 수 있다. 사람도 마찬가지로 생각, 느낌, 감정, 목표 그리고 가치가 잘 정렬되어 있을수록 높은 성과를 낼 수 있다."

내가 누구이고 어디에서 활약할지 알고 거기에 필요한 역량을 훈련한다면 성공으로 가는 길이 수월해질 것이다.

사회가 필요로 하는 인재는 뭐든 잘하는 사람이 아니라 '그 일은 그 사람이지' 하는 전문가다. 우리 모두에게는 각자의 영역이 있다. 그 범위 내에서 일을 시작하는 게 중요하디. 민민해 보이고, 하면 할수록 재미있고, 몰입할 수 있는 자신만의 주력 분야를 찾는다면 어디를 향해 가더라도 현재 내 위치를 확인하는 데 도움이 될 것이다.

주력 분야를 찾는 법

자기 인생을 스스로 책임지며 살아가기 위해서는 먼저 주력 분야를 선정해야 한다. 자신이 활약할 주력 분야를 찾아보자.

자신이 일하는 모습을 상상해보자

그 분야에서 자신이 일하는 모습을 상상해보자. 구체적으로 상상하는 게 중요하다. 어떤 곳에서 어떤 옷을 입고 어떤 사람들과 무엇을 하고 있는지를 그려보라. 하얀 가운을 입고 일을 하는 사람으로는 의사, 간호사, 영양사, 연구원, 과학자 등이 있을 수 있다. 그냥 가르친다고 했을 때 유치원, 초중고, 대학, 대학원, 학원 등 대상에 따라 다양한 직업이 있을 수 있다. 가장 멋지게 일하고 있는 자신의 모습을 상상해보면 된다.

하기 싫은 일을 생각해보자

당신이 정말로 하기 싫은 일이 무엇인지 생각해보는 것도 주력 분야를 찾는 데 도움이 된다.

내 경우에는 조직의 상명하달식 명령체계를 따르는 것을 힘들어한다. 끊임없이 동기부여를 시켜줘야 일하는 생각 없는 사람들과 일하는 것도 끔찍하게 싫어한다. 창문 하나 없이 꽉 막힌 공간에서 일하는 것도 못견뎌한다. 영수증이나 작은 금액까지도 일일이 맞춰야 하는 서류작업을 못하기도 하지만 싫어한다. 내가 하는 분야의 일을 이해하지 못하는 사람들을 일일이 설득해가며 하는 일도 싫어한다. 마치 한 권의 책만 읽은 사람처럼 자신이 아는 것이 다인 것처럼 우기는 사람도 못 견디겠다. 앞에서 하는 말과 뒤에서 하는 행동이 다른 사람도 싫다. 전화를 잘 안 받는 사람도 함께 일하기 싫다. 자기가 필요할 때만 연락되는 사람도 믿지 못한다. 온라인 인격과 오프라인 인격이 다른 사람도 싫다. 그럴 듯한 일만 하려고 하고, 뭐든지 돈으로만 거래하려는 사람도 싫다.

이렇게나 싫은 게 많으니 어찌 조직에 있을 수 있겠는가. 조직은 '그럼에도 불구하고' 견뎌야 하는 곳이다. 그래서 나는 무소속 프리랜서인 지금이 너무 좋다. 일부러 내가 선택한 것은 아니지만 말이다. 어차피 시간의 길고 짧음만 있지 누구나 조직을 벗어날 때가 온다.

탁월함 카드를 적어보자

탁월함 카드를 적는 것도 자신의 분야를 결정하는 데 도움이 된다. 자기 강점과 장점을 정리하다 보면 분명 자신이 가장 자신 있는 분야를 찾을 수 있을 것이다. 지금 당장 탁월한 분야가 아니어도 상관없다. 앞으로 그 분야에서 탁월해질 때까지 활약할 거라는 다짐이면 충분하다.

탁월함 카드 적는 법

다음 빈칸에 당신이 탁월해지고 싶은 분야를 적어보자.
구체적이고 명확할수록 좋다.
예를 들어 '심리학'이라고 적는 것보다
'자폐아동심리학'이라고 구체적으로 적는 게 좋다.

Excellence in _____ (You)

ex) Excellence in Flight (대한항공)
Excellence in Personal Brand (조연심)

이렇게 탁월하고 싶은 분야를 찾은 후 자신이 일하는 모습을 상상해보면서 하기 싫은 일은 거의 하지 않아도 되는 일이라면 그것이 바로 내 직업이 되고, 그 일을 잘하게 되면 천직이 되는 것이다.

가장 행복하고 설레는 순간을 떠올려 보자

당신이 무슨 일을 할 때 가장 행복하고 설레었는지를 떠올려보면 자신의 적성에 맞는 일을 찾는 데 도움이 된다.

나는 하겠다고 한 일을 끝까지 해냈을 때, 원고마감을 넘기지 않고 무사히 데드라인을 지켰을 때, 함께한 프로젝트가 잘 끝나 제대로 보상을 받았을 때, 일하러 간 틈틈이 분위기 좋은 카페에서 책 읽고 차 마시고 글을 쓸 때, 재미있는 드라마를 몰아 볼 때, 두 딸과 함께 여행하며 좋은 것 보고 맛있는 음식 먹을 때, 내 한계를 넘어섰을 때, 좋은 사람들과 새로운 일을 도모할 때, 비행기타고 일 겸 여행 겸 떠나 외국의 어느 카페에서 글을 쓸 때가 참 좋다.

이렇게 목록을 적어보니 실제 '놀고 먹고 글 쓰며 사는 삶'을 목표로 사니 정말 그와 관련된 일을 할 때 행복하고 두근거린다는 것을 확인할 수 있었다. 역시 목록(리스트)의 힘은 크다. 사람은 누구나 자신이 잘할 수 있는 일을 할 때 가장 즐겁다. 그것이 바로 타고난 재능, 달란트일 확률이 높다. 그중 일과 관련된 항목은 무엇인지 점검해보라.

자신의 바구니를 다양한 아이템으로 채우자

다양한 아이템 포트폴리오로 자신만의 바구니를 채우자(117쪽 그림 참조). 이때 바구니는 자신의 주력 분야를 뜻하고 바구니 안에 담긴 계란은 각각 다양한 아이템(직업 혹은 상품, 서비스, 프로젝트 자체 등)을 의미한다. 그 아이템은 포트폴리오로 만들어 사람들에게 선택을 받을 때까지 필요한 시간을 견뎌야 한다. 이는 각각의 계란이 부화해서 스스로 성숙기를 거쳐 성숙한 닭이 되기까지 시간이 필요한 것과 마찬가지다.

사람들이 기억하는 것은 그 사람이 하고 있는 각각의 아이템이 아니라 그 아이템들이 담긴 바구니다. 일단 바구니가 튼튼해야 하고, 그 안에 담긴 아이템들이 보기 좋고 맛도 좋아야 선택받을 수 있듯이 내가 하는 일도 그렇다.

한 가지 일만으로 평생을 살아갈 수 있는 시대가 아니다. 평균 두세 개의 직업을 위한 아이템을 만들어야 하고, 그 아이템을 포트폴리오로 만들어 거래할 수 있는 수준으로 끌어올려야 한다. 한 번에 한 가지만 하는 것도 아니다. 동시에 일을 할 때도 있다. 물론 무슨 일을 하냐고 물으면 제대로 설명하는 데 시간이 걸린다는 게 지금까지 우리가 알고 있던 일과는 다를 것이다. 신직업 '지식소통가'로 살고 있는 나만 하더라도 사람들이 듣고 싶어하는 바에 따라 작가로, 강사로, 진행자로 때로는 회사 대표로 자신을 소개하고 있기 때문이다.

자신의 현 상황을 인식하라

자신의 분야를 정한 사람이라면 자기 자신의 현재 상황을 제대로 인식해야 한다. 내가 가진 자본을 이해하고 있어야 할 수 있는 일과 시간이 걸리는 일, 앞으로도 여전히 할 수 없는 일이 무엇인지 인정하고 받아들일 수 있다.

퍼스널 브랜드를 구축하려면 우선 자신의 브랜드 자산을 확인해야 한다. 나는 브랜드 자산을 다음과 같이 네 가지로 분류한다.

능력자산

내가 할 수 있다고 생각하는 일을 능력자산이라고 한다. 나는 글을 쓸 수 있고, 그림을 그릴 수 있고, 운동을 할 수 있고, 사진을 찍을 수 있다 등과 같이 전적으로 내가 할 수 있다고 생각하는 동사로 표현할 수 있는 일을 말한다. 잘하고 못하고는 중요하지 않다. 그저 내가 할 수 있다고 여긴다면 모두 능력자산이 될 수 있다.

지식자산

남들로부터 인정받을 수 있는 자산을 지식자산이라고 한다. 각종 자격증, 논문, 책 등과 같이 자타가 인정하는 지식으로 온라인에서 검색 가능한 것이어야 그 가치를 인정받을 수 있다. 할 수 있나고 생각하

브랜드 자산의 분류

능력자산 내가 할 수 있다고 생각하는 것	**지식자산** 자타가 공인하는 결과물
감성자산 내가 보는 나, 남이 보는 나와 같은 이미지	**고객자산** 내 주위에 있는 인맥

는 게 아니라 실제로 해낸 것이어야 지식자산이 되는 것이다. 그런 지식자산이 한 점 한 점 쌓이면 내가 활약하고 있는 분야에서 인정받는 대가가 될 수 있다. '지식소통가'로서 내가 하는 일이 바로 지식자산을 가진 사람을 필요로 하는 곳에 사람을 연결시키는 것이다.

감성자산

감성자산은 형용사로 표현될 수 있는 자산으로 주로 인간관계와 관련되어 나타나는 능력이다. 자상한, 배려 깊은, 에너지가 넘치는, 활력 있는, 열정적인 등과 같이 당신에 대해 다른 사람들이 느끼는 이미지가 바로 당신의 감성자산이다.

감성자산을 찾으려면 주위 사람들에게 직접 물어보는 것이 좋다.

가까운 사람들에게 당신하면 떠오르는 느낌이나 사물과 같은 이미지를 알려달라고 요청해보라. 의외로 내가 보여주고 싶은 이미지와 다른 모습으로 보일 때가 많음을 알게 될 것이다.

사람인터넷 시대에 가장 중요한 자산 중 하나가 바로 네트워크력이고 그 능력을 감성자산이 좌지우지한다는 것을 잊지 말자. 하이데크와 하이터치가 만나야 변별력이 생기기 때문이다. 당신은 끌리는 사람인가? 이젠 매력도 능력이 되는 시대다.

고객자산

고객자산이란 내 주위의 인맥들을 말한다. 최근 3개월 동안 빈번하게 만난 사람들의 평균 연봉이 바로 내 연봉이라는 말이 있다. 나 자신도 나의 1차 고객이다. 나를 만족시키지 못하면 결국 남도 만족시킬 수 없게 된다.

작가 이철환은 《위로》에서 "나는 나를 정성껏 돌보고 있는가?"라고 묻는다. 고요하고 평화로운 시간으로 나를 데려가지 못한다면 결코 자신을 정성껏 돌보는 게 아니라면서 위로는 나 스스로 충분히 행복하고 만족스럽다고 느낄 수 있어야 가능한 행위라 말했다. 나도 불안하고 불행하다고 여기면서 단순히 위로가 필요하다고 해서 상대방을 위로하다 보면 결국 자기 자신을 잊어버릴 수 있다.

자신의 자산 내역 적어보기

다음 빈칸에 위의 네 가지 자산 분류법에 따라 자신의 자산 내역을 적어보자.

능력자산	지식자산
• _____	• _____
• _____	• _____
• _____	• _____
• _____	• _____
	• _____

감성자산	고객자산
• _____	• _____
• _____	• _____
• _____	• _____
• _____	• _____
• _____	• _____

주력 분야를 찾아 직업으로 만드는 과정

자신의 주력 분야를 찾은 후 그와 관련된 직업을 만들기 위해서는 다음 단계를 거쳐야 한다.

1단계 : 작은 시도를 하라

자신의 주력 분야는 바구니에 해당하고 그 안에 담긴 계란은 하나하나가 포트폴리오가 되어 직업으로 인정받을 수 있다. 그러니 자신이 관심 있어 하는 것과 관련된 작은 시도, 즉 프로젝트를 시행해보라는 말이다. 그 일이 성공할지, 실패할지는 중요하지 않다. 일단 해보면 그 일이 나와 맞는지, 맞지 않는지를 알게 된다. 그렇게 일단 작게라도 시작해야 한다. 직접 하다 보면 저절로 능력이 쌓이게 된다.

2단계 : 새로운 인간관계를 맺어라

인간관계는 깊이와 폭에 따라 직업에도 상당한 영향을 미친다. SNS로 만난 아무리 약한 네트워크라도 나에게 새로운 인간관계의 끈을 연결해주기도 하고, 때로는 생각지도 못할 기회와 연결되기도 한다. 늘 만나던 강한 네트워크의 사람들을 벗어나 낯설지만 호기심 가는 네트워크의 사람들과도 교류해보자.

3단계 : 의미를 만들어라

작은 프로젝트를 시행하면서 만나는 사람과는 성공 여부를 떠나나 자신과 어떤 의미로든 연결될 수 있는 계기를 만들어야 한다. 왜 이일을 하는지, 이 일을 하면 나는 어떤 사람으로 기억될 것인지를 생각해보라. 의미를 제대로 만들기만 해도 그 일은 이미 성공한 것이라고 볼수 있다. 그 일을 왜 해야 하는지에 대해 이미 스스로 답을 알고 있기 때문이다. 결국 사람들은 시작하기 전에는 할까말까를 고민하지만 일단시도하고 실행하게 되면 스스로 동기부여가 된다. 그래야 자신의 정체성이 흔들리지 않는다는 것을 증명할 수 있기 때문이다.

사람들은 가슴 설레는 일을 하고 싶다고 하면서도 늘 비슷한 핑계를 대며 정반대의 장소에 머물고 있다. 누구든 자신이 있어야 할 곳을 알고 그 곳에 있게 되면 만족과 안정을 얻을 수 있다. 사람들이 가장 불만스럽고 불안해질 때는 바로 자신이 하는 일의 의미와 재미를 찾지못할 때이다.

자신의 주력 분야를 알기만 해도 거인의 어깨 위에 올라선 것과 같은 효과가 있다. 골드칼라가 가진 아이디어가 빛을 내기 위해서는 자신이 가장 잘할 수 있는 분야에서 활약하고 있을 때이다.

정체성을 구성하는 4가지 요소

나라는 사람이 누구인지를 정의하는 정체성은 나를 둘러싸고 있는 모든 것의 총체다 나를 제대로 알기 위해서는 자신의 정체성에 스스로 답할 수 있어야 한다. 무엇을 좋아하는지, 성격이 어떤지, 어떤 기준으로 의사결정을 하는지에 따라 나라는 사람을 정의할 수 있다.

다음은 인간의 정체성을 구성하는 4가지 요소이다.

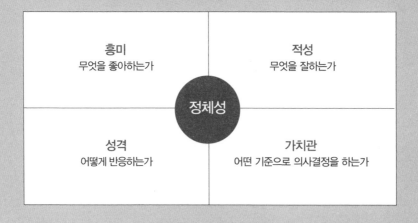

흥미를 알기 위해서는 일단 좋아하는 것의 목록을 적어봐라. 흥미는 나이 들면서 바뀔 수 있다. 그러므로 주기적으로 적어보면 내 흥미가 어떻게 변하는지 알 수 있다.

적성을 찾으려면 지금까지 칭찬이나 인정받았던 순간을 떠올려보라. 자신이 잘하는 분야가 적성에 맞는 일이다.

성격을 알고 싶으면 자신이 평소 문제에 대응하는 모습이나 사람들과의 관계에서 어떻게 반응하는지를 살펴보면 된다. 좀더 구체적으로 접근하고 싶으면 MBTI, 애니어그램 같은 프로그램을 활용하는 방법도 있다.

가치관 역시 나라는 사람을 이루는 요소다. 어떤 결정을 하든 그 결정을 가능하게 하는 것은 자신만의 가치 기준에 달렸다.

정체성은 나를 둘러싸고 있는 모든 것의 총체다. 나라는 사람이 누구인지 정의내리고 싶다면 정체성을 구성하는 흥미, 적성, 성격, 가치관부터 살펴보자.

업무능력을 구체화하라

"저 친구는 참 열심히 하는데 아쉽게도 늘 목표 미달이야."

"저 친구는 쉽게 일하는 거 같은데 늘 목표를 달성하더라고."

두 사람 중 당신은 누구와 가까운가?

같은 목표 같은 시간이 주어졌을 때 성과가 달라지는 이유는 바로 업무능력에 차이가 나기 때문이다. 자신이 하는 업무능력에 문제가 있으면 아무리 열심히 일해도 좋은 결과를 얻을 수 없다.

업무능력이 구체화된다는 것은 일을 하면 결과가 나온다는 말이다. 한마디로 일을 잘하는 사람이라는 의미다.

피터 드러커는 일 잘하는 사람은 정해진 시간 내에 자신의 목표를 달성한다고 말한다. 목표달성능력은 타고나는 게 아니라 후천적으로 길러지는 것이며 직접 실행해서 습관화되는 것이다. 실행을 통해 습관이 될 때까지 반복적으로 연습하여 몸에 배도록 해야지 각오한다고 해서 생기는 게 아니다.

예전에 몸담았던 전화영어회사에서 내가 하는 업무는 전화를 통해 영어레벨테스트를 상담하고, 테스트 결과를 전달하고, 레벨에 맞는 전화영어 프로그램을 추천해주고, 회비를 수금하는 것이었다. 매일 아침마다 전화 DB를 활용해 일일이 전화를 걸어 원어민 전화영어 수업을 들으라고 제안했다. 말이 좋아 상담이지 사실상 텔레마케팅이라고 할 수 있다.

텔레마케팅은 얼굴을 보고 대화하는 게 아니라 오로지 전화로만 대화를 나누기 때문에 그날그날의 기분에 따라 성과가 좌지우지된다. 아침부터 사장에게 혼이 나거나 기분이 좋지 않은 날은 수화기를 들고 마음속으로 제발 받지 말라는 주문을 외웠고, 두세 번 벨이 울리면 상대방이 받을세라 바로 끊어버리기도 했다.

겉으로는 다른 사람들과 마찬가지로 열심히 전화를 걸고 상담하는 것처럼 보였겠지만 그저 시간을 때우는 날도 많았다. 연륜이 좀 쌓이자 진짜 열심히 일하는 척 하는 데에도 고수가 되었다. 물론 매번 그랬다면 분명 지금의 자리에 올 수 없었을 것이다. 피하고 싶은 일을 할 때 일하는 척 하면서도 얼마든지 시간을 보낼 수 있다는 부분을 설명하려는 것이다.

　대부분의 영업직은 자신의 마음에 따라 진짜 일하는지, 일하는 척을 하는지 스스로 알고 있다. 다만 일정 시간이 지나면 일하는 척만 하고 있어도 성과가 나기 때문에 오래 버티는 사람들도 가끔 목표를 달성한다. 그러나 그 일을 잘하려면 어떻게 해야 하는지는 이미 정해져 있고, 제대로만 하면 사실상 일이 그렇게 어렵지만은 않은 게 바로 세일즈다.

　그러나 나는 사회생활 초기부터 목표 달성이 몸에 배어 있었다. 하루에 전화 몇 통을 하겠다가 아니라 하루에 반드시 두 건을 성사시키겠다가 목표였다. 운이 좋으면 전화를 열 통도 하기 전에 그 목표를 달성할 수 있었고, 운이 없으면 하루 종일 실적이 없다가 퇴근시간이 다 되어 연속으로 달성한 적도 있었다. 어찌되었건 나와의 약속이 하루 두 건이면 꼭 그 목표를 이룰 때까지 하는 게 몸에 밴 것이다.

　원없이 해보면 더 이상 아쉬움이 없다. 나에게 텔레마케팅이나 학습지 상담, 교사 채용과 같은 누군가를 설득하는 세일즈는 언제부턴가 그리 어려운 일이 아니게 되었다. 닥치면 뭐라도 팔 수 있는 근성은 그렇게 습득될 수 있었다. 그때 쌓은 근성은 무소속 프리랜서가 되어 살아가는 데 아주 큰 도움이 된다. 내가 하는 일에 아무도 이러쿵저러쿵하지 않는데 스스로 목표를 정하면 목표대로 실행하는 것이 익숙해졌다. 그래서 습관이 무서운 것이다.

목표 달성을 위한 실행력을 높이는 법

어떻게 해야 목표를 달성하기 위한 실행력을 높일 수 있을까? 실행력을 강화하는 세 가지 방법을 살펴보자.

실행의 초점을 외부 세계에 맞춰라

자신의 업무를 처음부터 '결과'에 연결시킨다는 뜻이다. '무엇을 해야 하나?'가 아닌 '내가 만들어낼 수 있는 결과는 무엇인가?'라는 질문에서부터 시작한다. 기대되는 결과를 명확히 하는 것이 먼저다. 오늘 목표를 이루고 싶다가 아니라 하루 50건 상담을 하고 그중 반드시 계약 두 건을 성사시킨다가 되어야 한다. 대부분의 경우 '하고 싶다'고 말하지만 실제로는 '해야 한다'로 바꿔야 한다. 결과를 만드는 것은 바람이 아닌 실행이기 때문이다.

강점을 바탕으로 성과를 만들어라

목표 달성은 운이 좋아 되는 게 아니다. 자신이 잘하는 분야에서 활약해야 성과가 좋아진다. 자신의 분야에서 자신이 잘하는 것으로 일 잘하는 사람이 되려면 배워야 되고, 그 배움이 실행을 통해 습관이 되어야 한다. 결국 일도 하던 사람이 잘하는 법이다.

작은 조각으로 쪼갠 조연심의 할 일 목록

1데이 1칼럼 쓰기

주 3회 강연하기

한 달에 책 10권 이상 사기

하루에 10페이지 읽기

하루에 한 페이지 필사하기

진행한 일 블로그 포스팅하기

하루 세 번 SNS에 접속해서 소통하기

1년에 한 권 책 쓰기

워크시트 만들기

강의안 기획하기

제안서 작업하기

프로젝트 기획하기

주 3회 요가하기

가족과 통화하거나 온라인 문자 주고받기

목표 달성을 위해 할 일을 작은 조각으로 쪼개라

매일매일 구체적으로 무엇을 해야 하는지를 아는 것과 목표를 달성하는 것은 차이가 있다. 해야 한다고 생각하는 것과 실제 해내는 것의 차이를 줄이는 것 또한 오늘 당장 무엇을 해야 하는지를 명확하게 하는 것만큼 중요하다.

매일매일 할 일 목록을 만든 후 하나하나 지워가며 해내는 재미도 쏠쏠하다. 막연히 책을 써야 한다가 아니라 오늘 당장 3시간을 할애해 A4 5장을 쓰겠다가 되어야 해낼 수 있다. 눈 앞에 던져진 감당할 수 없는 목표를 지금 당장 할 수 있는 일로 쪼개 보자.

업무능력을 구체화한다는 것은 당신이 할 일을 동사로 표현한다는 의미다. 앞의 목록은 내가 하고 있는 일들을 나열한 것이다. 이 책을 쓰는 동안에도 거의 매일 이런 일들이 반복적으로 이어졌고 그 결과가 차곡차곡 쌓여 오늘의 내가 된 것이다.

문제해결을 위한 자신만의 방법론이 필요하다

구체적으로 업무능력을 규정하기 위해서는 일 자체가 곧 문제를 해결하는 것임을 받아들여야 한다.

인생은 일련의 문제해결 과정이다. 누구든 자신에게 닥친 크고작은 문제들을 해결하면서 살아간다. 그리고 문제의 크기에 따라 해결방식이 달라진다. 그 문제를 직접 해결할 수도 있지만 다른 사람에게 맡길 수도 있다. 이때가 바로 '필요한 일'이 생기는 때다. 일의 크기에 따라 지불해야 할 비용도 천차만별이다. 상대방의 문제 중 당신이 해결할 수 있는 것이 있는지 생각해보라. 문제의 크기가 사람의 크기를 결정한다. 문제해결력이 크면 수입의 크기도 크다.

'어려운 일'에 관심을 가지고 나만의 문제해결 방식을 개발해야 한다. 그리고 자신에게 그런 문제해결력이 있다는 사실을 간결하고 뚜렷하게 잠재적 의뢰인에게 어필할 수 있어야 한다. 그것도 3분 이내에! 그런 이유로 내 능력을 보여줄 수 있는 프로젝트는 사실상 영업 그 자체다.

의뢰인에게 무엇을 해야 한다고 말하지 말고 내가 하는 일의 결과가 무엇인지를 구체적으로 표현하라. 제대로 일하고 정당한 비용을 받아내는 것도 중요한 문제다. 당신이 귀찮다고 생각하지만 반드시 필요한 그 일을 나는 매월 소정의 비용을 받고 대신 처리해줄 수 있다고 말할 수 있어야 한다.

예를 들어 당신이 디지털 기록을 남기기 위해 필자가 운영하는 브랜드 매니지먼트 사 엠유의 서비스를 이용한다면 온라인 비서를 채용한 것과 같다. 당신이 중요하게 생각하는 미팅과 프로젝트의 결과가 당신이 의도하는 대로 다양한 콘텐츠의 형태로 당신의 온라인 채널을 통해 발행될 것이다. 만약 관리자를 고용한다면 분명 세 배 이상의 비용을 지불해야 할 것이고 고용한 사람의 능력이 떨어져도 그 또한 당신이 감당해야 할 리스크다. 언제 어디서 무엇을 하는지를 기록해서 스스로 포트폴리오를 만들어야 하는 시대에는 간편하고 저렴하게 엠유의 온라인기록 서비스를 이용해보라고 당당하게 말하면 된다.

당신은 자신에게 문제해결력이 있다는 것을 증명할 수 있어야 한다. 상대방의 문제가 무엇이고, 왜 문제가 생겼는지를 설명하고 이해시킬 수 있는 깊이있는 지식과 실제 문제를 해결할 수 있는 당신만의 프로세스와 숙련된 기술을 보유해야 한다. 그리고 책, 강연, 특허, 상품, 서비스 등 그동안 구축한 포트폴리오가 당신이 어떤 일을 해왔고 어떤 능력이 있는지 증명할 것이다.

누구든 문제를 해결하려면 문제에 접근해야 하고 문제에 접근하는 방식은 기술이기 때문에 배우려고 한다면 얼마든지 배울 수 있다. 실제로 많은 컨설턴트들이 사용하고 있는 맥킨지의 방식은 문제에 접근하는 맥킨지만의 노하우다. 그중 자료수집, 업무 분석, 초기 가설 및 도전, 차트를 이용한 자료 제시, 핵심요소 결정, MECE(중복되거나 누락된 것 없이) 등은 맥킨지를 만든 방법론들이다. 당신만의 문제접근과 해결을 위한 프로세스는 무엇인가? 문제해결을 위한 자신만의 방법론을 개발할 필요가 있다.

문제는 해결보다 발견이 더 중요하다

지금까지 우리는 어떻게 하면 그 문제를 해결할 수 있는지만 생각하고 배워왔다. 이미 문제가 정해져 있던 것이다. 이는 정해진 문제가 있고, 문제를 푸는 방식이나 문제에 대한 답도 정해져 있다는 의미다. 문제도 암기하고 답도 암기해서 정답같이 정해진 길을 가는 게 지금까지 우리가 해야 할 구체적인 업무였다.

하지만 미래에는 문제 자체가 정해져 있지 않다는 게 문제다. 나 자신의 문제도 스스로 모를 때가 많기 때문이다. 문제를 모르는데 내가 알고 있는 문제해결 방법이 무슨 소용이 있겠는가? 그저 내가 알고 있는 해법들을 이것저것 맞춰보고 어쩌다 맞으면 다행이라는 식으로는 결코 지속적으로 일할 수 없다.

그렇다면 도대체 무엇이 문제라는 것이고 우리는 왜 문제를 해결하지 못하는 것일까?

미국 유수의 경제기관인 콘퍼런스보드가 공립학교 교육감 155명과 사기업 고용주 89명에게 인지능력을 평가하는 목록을 나눠주고, 오늘날 근로자에게 가장 중요한 능력이 무엇인지 평가해달라고 부탁했다. 결과는 놀라웠다. 교육감들이 뽑은 능력 1위는 '문제해결력'이었지만 고용주들은 '문제해결력'을 8위로 선정했다. 고용주들이 뽑은 최우선 능력은 바로 '문제발견력(problem Identification)'이았나.

우리가 10여 년 넘게 다닌 학교에서 그렇게 열심히 배우고 외우고 익혔던 문제해결력이 사회에서는 그다지 쓸모있는 능력이 아니라는 것을 보여주는 결과다. 왜 그렇게 기업에서 "사람은 많은데 쓸 사람이 없다"고 하는지 단번에 이해되는 설문이었다.

이제 '무엇에 초점을 두고 일을 해야 하는가'와 같은 근본적인 질문이 바뀌어야 한다. 문제를 제대로 발견하지 못하면 문제해결은 그다지 의미가 없기 때문이다.

그렇다면 문제발견능력은 어떻게 해야 키울 수 있을까?

우선 엄청난 양의 정보를 정리하고 그중 가장 적절한 정보를 규명하여 제시하는 큐레이션 역할을 해야 한다. 그 다음은 상대방의 질문에 대한 답이 아니라 예상 못한 문제를 찾기 위한 질문자의 역할을 수행해야 한다. 마지막으로 문제가 무엇인지 구체적으로 정의내릴 수 있어야 한다.

그런 과정을 거치다 보면 '무엇과 비교할 것인가?', '당신의 USP(Unique selling propisitin)는 무엇인가?'에 대한 답을 찾게 된다. 어떤 제품이나 서비스든 경쟁자와 무엇이 다른지 명확히 차별화하는 게 중요한 세상이다.

문제를 발견하기 위해 '불편함을 관찰한다'는 디자이너 김영세의 방법을 벤치마킹해보자. 그에게 있어 '불편함'이란 새로운 대안이 필요한 순간을 뜻하고, '문제를 해결할 색다른 방법'을 원하는 때이기도 하다. 그런 방법으로 세상에 없는 새로운 디자인이 창조되는 것이다. 결국 디자이너가 되기 위해 발명가가 되어야 했던 것이다. 이것이 바로 김영세 디자이너가 이끄는 이노디자인의 차별화된 핵심역량이 되었다. 다른 사람들의 불편함을 새로운 가치로 창조하는 사람들이 바로 아이디어 노동자, 골드칼라들이다.

그런 다음에야 비로소 문제해결 과정으로 이어질 수 있다.

나를 막아서는 건 나 자신이다. 그런 나를 격려하고 다시 시작하게 하는 것도 나 자신이어야 한다. 전 세계 모든 사람이 안 된다고 할 때 '할 수 있다, 할 수 있다'고 나지막이 주문을 외며 14대 10에서 연속 5점을 얻어 역전승을 따낸 2016년 리우데자네이루 올림픽 펜싱 금메달리스트 박상영의 신화를 떠올려보자. 결국 나는 할 수 있다. 할 수 있다. 잘할 때까지 할 거니까.

지식노동자에게 필요한 능력과 역량

　당신이 어떤 분야의 업무를 하려면 구체적인 능력(ability)이 필요하다. 특히 지식노동자들은 아이디어로 승부가 나기 때문에 프로젝트력, 프로듀싱력, 마스터링력, 세일즈 능력과 같은 업무능력을 갖춰야 한다. 거기에 콘텐츠력, 기획력, 상품력 등의 역량(competency)이 추가되어야 골드칼라로 살아남을 수 있다.

능력	프로젝트력	아이디어를 실현 가능한 프로세스로 바꾸고 데드라인에 맞춰 실행 계획으로 변경할 수 있는 힘
	프로듀싱력	아이디어를 실현시키기 위해 필요한 자원(인재, 자금, 인맥 등)을 끌어올 수 있는 힘, 조화롭게 운용할 수 있는 힘
	마스터링력	아이디어를 실현시킬 수 있는 정확한 지식과 정보, 숙련된 기술
	세일즈 능력	상품을 온-오프라인 채널을 통해 판매할 수 있는 힘
역량	콘텐츠력	원소스 개발 능력, 경쟁력 있는 내가 되게 하는 모든 것(지식, 경험, 기술, 노하우 등) 증명가능한 데이터가 뒷받침되어야 한다.
	기획력	문서화 능력(글로 표현할 수 있는 능력)
	상품력	나의 지식, 경험, 아이디어 등을 거래 가능한 상품(가격 책정)으로 만들어내는 능력

대인관계역량을 강화하라

"미래에는 막대한 '관계자본'을 가진 기업들이 성공할 것이다."

적극적인 SNS 활동으로 연매출 400만 달러의 와인소매점을 5년 만에 5,000만 달러의 대형 와인유통업체로 키워낸 미국의 기업가 개리 바이너척(Gary Vaynerchuk)의 말이다.

바이너척이 말하는 관계자본은 일대 일 관계에서 시작된다. 트위터리언 사이에 구전되는 유명한 명언이 하나 있다. "돈으로 살 수 없는 것 중 하나는 팔로워와의 관계다." 이는 마케팅으로 단기간에 다수의 팔로워에게 관심을 받을 수는 있지만 지속적으로 관계를 유지하기 위해서는 돈이 아닌 다른 것이 필요하다는 말이다.

조직 내 관계역량을 키우는 법

나는 조직 내 관계역량을 분석하는 매트릭스를 개발했다. 최근 다양한 조직에 적용해보면서 관계역량 자체가 실제로는 업무역량과 크게 다르지 않다는 것을 확인할 수 있었다.

관계역량 매트릭스의 가로축에는 조직원을 적고, 세로축에는 필요역량을 적은 뒤 누가 어떤 역량을 갖고 있는지 5점에서 1점까지 매기는 방식으로 진행된다. 5~7명을 한 조로 하여 다음 단계에 따라 조직 내 관계역량을 키우는 데 활용할 수 있다.

1단계 : 조별로 팀장을 뽑는다. 5,6명이 한 조를 이루는 게 적당하다.

2단계 : 팀장이 팀원을 한 사람씩 인터뷰하면서 직장에서 상사로부터 인정받았던 경험을 나눈다.

3단계 : 당시 인정받았던 역량을 한 단어로 표현한다.
　　　　예) 실행력, 성과, 책임감, 프레젠테이션 능력, 열정 등

4단계 : 좋은 관계를 유지하기 위해 필요하다고 생각하는 역량 7가지를 뽑아 중요도 순으로 세로행에 적는다.

5단계 : 자신의 객관적인 점수를 스스로 기록한다. 상대방에게 가르칠 수 있을 정도의 역량은 5점, 역량이 매우 부족한 경우에는 1점을 매긴다.

6단계 : 팀장은 각자의 점수를 표에 기록한다.

7단계 : 각 역량별 가장 높은 점수가 나온 팀원에게 관계역량을
키우는 비법을 묻는다. 만약 모든 팀원에게 부족한 역량
이 있다면 외부 전문가의 도움이 필요하다는 의미이기도
하다.

관계역량 매트릭스

필요역량	박연아	이지민	최유정	오형숙	이름	이름
기획력	5	4	3	3		
발표력	4	3	2	5		
성실성	5	5	5	5		
창의력	5	4	5	3		
꾸준함	5	3	4	5		
표정관리	3	2	4	3		
체력	3	3	4	3		

1점(매우 부족), 2점(노력 중), 3점(보통), 4점(잘하거나 자신있음), 5점(Best Practice)

관계역량 매트릭스를 활용하는 방법을 알아보자.

관계역량을 높이는 데 가장 필요한 게 기획력이라면 기획력이 5점인 박연아가 최유정과 오형숙에게 구체적인 노하우를 전수해주는 것이다. 이때 구체적이고 실질적인 노하우를 전수하는 게 중요하다.

이런 활동을 하다 보면 내가 조직에서 인정받은 역량 외 다른 역량도 발휘해야 한다는 것을 알게 된다. 팀원들과 관계가 안 좋다면 과거의 역량뿐 아니라 지금 나에게 부족한 역량 때문일 수 있다. 그 역량을 찾아 구체적인 실행계획을 세워 실천해보자. 조만간 당신은 관계의 신으로 다시 태어나게 될 것이다.

미래에는 관계 및 네트워크의 폭과 깊이가 그 어느 때보다 중요해질 것이다. 따라서 우리는 의식적으로 관계와 네트워크를 만들고 육성해야 한다.

다양한 포트폴리오의 재료가 될 당신의 프로젝트를 위해서는 반드시 사람들을 끌어들여야 한다. 당신이 사회에서 만나는 사람 모두 당신의 성공을 위해 섭외 가능한 배우라고 생각해보라. 그들이 왜 당신의 프로젝트에 섭외되어야 하는가. 세상은 어차피 돌고 돌게 되어 있다. 당신이 누군가의 성공을 위해 그의 프로젝트 무대에 조연이나 단역으로 출연했다면 분명 그들도 당신이 만든 무대에 기꺼이 올라와줄 것이다. 그 역할이 아무리 하찮더라도 말이다. 그러니 먼저 다른 사람들을 위해 일해야 한다.

태양의 후예에 나온 유시진 중위역의 송중기에게 매료된 사람이 많다. 나도 그중 한 명인데 단지 송중기의 외모에 끌린 게 아니라 유시진이라는 캐릭터 자체에 끌렸다. 다음은 송혜교가 분한 강모연이 이 위험한 일을 왜 하느냐고 묻자 유시진 중위가 한 대답이다.

"누군가는 해야 하는 일이고, 이 일이 가치있다고 믿기 때문입니다."

목숨을 걸고 가치 있는 일에 올인하는 게 쉽다고 말할 수 있는 사람이 있을까? 자신의 선택과 결정에 책임을 지느라 감봉을 당하거나 승진이 누락되는 것도 기꺼이 감수하면서 말이다.

그렇다면 왜 다른 사람을 위해 일하지 않는가? 누군가 해야 할 바로 그 일을 하는 것이 성공 아닐까? 따뜻한 영향력은 다른 사람과의 관계에서 발생하는 것이고, 돈도 다른 사람의 주머니에서 나오는 것이다. 결국 내 자신이 아닌 다른 사람의 가치와 편리, 유익을 위해 일하면 내가 원하는 것을 얻을 수 있다.

골드칼라의 인맥관리법

대인관계역량은 오프라인과 온라인으로 연결된 모든 인맥을 말한다. 오프라인 관계력이란 언제든지 만나서 무슨 일이든 도모할 수 있는, 프로젝트를 실행할 때 동원할 수 있는 오프라인 네트워크의 힘과 크기이다. 긴장을 풀고 몸과 마음을 쉬게 할 든든한 가족과 친구, 동료 등을 포함한 현재 내가 있는 곳을 중심으로 확장된 네트워크라고도 할 수 있다. 온라인 관계력이란 소셜 연결력으로 응원, 지지, 연결, 추천, 구매 등을 일으키며 약한 연결의 힘을 발휘한다. 당신의 아이디어가 빛을 발할 수 있도록 온-오프라인 연결을 통해 관심을 이끌어내는 힘이 중요해졌다.

오프라인에 익숙한 우리들이 보다 신경써야 할 대상은 바로 온라인 속 관계들이다. 소셜 인맥들을 제대로 관리하기 위해서는 우선 그들과 온라인에서 만나는 게 먼저다. 온라인 세상에서 보여지는 내 모습이 때론 과장되어 보이더라도 내가 능력 있고, 활력 있고, 함께할 가치가 있는 사람이라는 것을 알려줄 필요가 있다.

소셜 관계를 돈독히 하는 방법

자신만의 플랫폼을 만들어 소셜 관계를 돈독히 하는 방법을 알고 있는가? 플랫폼은 온라인에서 사람들이 지나다니는 연결통로로 소비자, 판매자, 광고주가 만나는 공간이다. 온라인상에 일단 공간을 만들면 정말로 사람들이 몰려온다. 그 공간에 누가 오게 할지는 공간을 만들고 운영하는 자가 정할 수 있다.

소셜 관계를 돈독히 할 목적으로 공간을 만들 때는 다음 사항에

유의해야 한다.

첫째, 공간을 정의하라. 공간을 무엇이라고 부를지 '공간은 ○○○이다'라고 한마디로 정의 내려 보자. 공간에서 무엇을 보고 느끼고 즐길 수 있는지, 무엇을 할 수 있는 곳인지, 무엇을 파는 곳인지 생각해보자.

둘째, 공간으로 초대할 사람들을 정의하라. 이른바 나의 고객이다. 구체적일수록 좋다.

셋째, 어떤 문제를 해결해줄 수 있는지를 정의하라. 문제의 크기가 크면 클수록, 어려우면 어려울수록 가치가 올라간다. 당신의 상품과 서비스는 무엇인지도 생각해보자.

넷째, 공간을 지지해줄 가치 있는 사람을 찾아라. 홍보대사, 파트너, 협력자 등을 통해 지속적으로 공간과 공간 속 상품과 서비스를 알려라.

다섯째, 어떤 사람들과 함께 공간을 완성해갈 것인지를 정의하라.

나이테 같은 골드칼라의 인맥지도

골드칼라로 살아가야 할 당신의 인맥지도는 나이테처럼 나를 둘러싼 가까운 협력자들과 그 밖을 둘러싼 다수의 전문가 파트너들로 구성되어야 한다. 이들의 역할은 때에 따라 바뀐다. 인맥 구성 또한 프로젝트의 성격과 난이도에 따라 얼마든지 바뀔 수 있다. 이들까는 고용·

골드칼라의 원형관계도

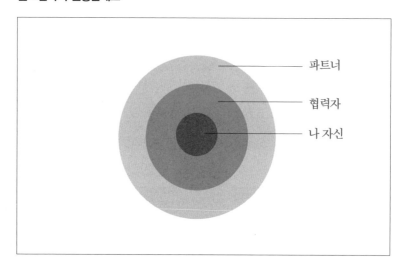

파트너
협력자
나 자신

이 아니라 계약을 맺은 관계이므로 정해진 기간 동안 함께 일하고 기한이 종료되면 다시 헤어지기를 반복한다.

사실 이렇게 온-오프라인 인맥을 관리하는 이유는 바로 당신의 의뢰인을 열광하는 팬으로 만들려는 것이다. 그리고 그들이 모두 비슷하기만 하다면 내가 원하는 결과를 만드는 데 지장이 생긴다. 다양성을 유지하고 광범위한 시각을 가진 사람들과 네트워킹을 해야 한다.

대인관계 역량을 키우기 위해 우리가 배워야 할 것은 바로 '정치'다. 정치인은 일을 성취하는 기술로 먹고 사는 사람들이고, 협력과 타협을 통해 자신이 내세운 목표를 추구하는 사람들이다. 그 과정에서 때론 치열하게 싸우고, 때론 회유하기도 하면서 그들이 지향하는 목표를 위해 '정치'라는 기술을 활용한다.

사회에 나와서 배운 것 하나는 '영원한 적도 없고, 영원한 아군도 없다'는 사실이다. 내가 사람들과 관계를 맺는 이유를 명확하게 안다면 누구 때문에 속상할 일도, 누구 때문에 손해를 볼 일도 적어진다. 중요한 것은 내가 하려고 하는 일에 어떤 사람들의 도움을 받아야 하는지를 명확하게 아는 것이다. 그들의 도움을 받기 위해 때론 성난 사자처럼, 때론 온순한 양처럼 행동할 수 있어야 한다.

대인관계역량을 강화하는 뉴 하드 스킬 [9)]

대인관계역량을 강화하기 위해 반드시 습득해야 할 기술이 있다.

와튼스쿨 학장인 제프리 가렛(Geoffrey Garratt)은 오늘날 비즈니스 리더에게 꼭 필요한 기술로 뉴 하드 스킬(New Hard Skill)을 꼽았다. 과거 비즈니스 리더에게 필요한 것이 재무, 회계, 마케팅 등과 관련된 지식을 뜻하는 '하드 스킬'이었다면 2000년대 들어서는 조직관리에 필요한 커뮤니케이션이나 직원들과 공감하는 능력인 '소프트 스킬'이 중요해졌고, 최근에는 혁신이 기업의 중요한 과제로 등장한 만큼 첨단기술과 관련된 '뉴 하드 스킬'이 중요해졌다는 뜻이다.

뉴 하드 스킬은 첨단기술과 관련된 지식을 이해하는 것이다. 이제는 마케팅 전략을 줄줄 외우고, 재무제표를 잘 분석하는 것이 전부가 아니다. 책을 읽고, 교실 안에서 토론하고, 계산기를 두드리면서 기업 경영에 필요한 것을 배우는 데에는 한계가 있다. 교실 밖에서 무언가를 배워야 한다. 뭔가를 저질러야 배움이 따라온다. 스타트업 기업에 가서 새로운 기술을 익히고, 벤처캐피털에 가서 어떤 기업들이 자금 조달에 성공하는지 알아야 한다.

이와 같은 방식으로 익히는 것이 뉴 하드 스킬이다. 잭 웰치 GE 전 회장도 한 인터뷰에서 첨단기술에 관한 모든 궁금증이 해소될 때까지 전문가에게 질문을 던지라고 말했다. 뉴 하드 스킬을 배우는 가장 좋은 방법 중의 하나는 괴짜 과학자와 대화하고, 그들이 하는 말을 이해하는 것이다.

'뉴 하드 스킬'의 전성시대라 하더라도 '소프트 스킬'의 중요성 역시 줄어들지 않았다고 가렛 학장은 덧붙였다.

"아무리 좋은 기술을 가진 기업이라도 기업이 성장하는 과정에서 발생하는 경영상의 문제를 해결하지 못하면 성공할 수 없다. 그러므로 이런 문제를 해결할 수 있는 '소프트 스킬'에 정통한 비즈니스 리더 역시 꼭 필요하다. 〈뉴욕타임스〉의 토머스 프리드먼이 말한 것처럼 무엇을 알고 있느냐는 중요하지 않다. 알고 있는 것으로 무엇을 하느냐가 중요한데, 이때 소프트 스킬이 꼭 필요하다."

소프트 스킬은 조직을 잘 운영하는 능력을 말한다. 비즈니스 리더에게 필요한 리더십, 가령 커뮤니케이션 능력이나 다른 사람들과 공감할 수 있는 능력 같은 것들이다. 기업의 규모가 커지면 아무리 유능한 리더라도 모든 것을 혼자서 다 해낼 수 없게 된다. 똑똑한 사람을 뽑는 것 못지않게 똑똑한 사람을 잘 다루는 것이 중요해진 이유다.

MBA를 막 졸업한 사람 중 높은 수준의 전문지식을 가지고 있는 사람이 당장은 더 좋은 직장에 가고 높은 연봉을 받고 더 빠르게 승진할 수도 있다. 그러나 장기적인 관점에서 바라보면 성공적으로 커리어를 쌓아 조직 내에서 지위가 올라간 후에는 더 많은 조직원을 아우르는 스킬이 필요해진다. 목표를 제시하고 조직원들을 격려하고, 때로는 갈등을 해결해야 할 때도 있는데 이때 필요한 것이 소프트 스킬이다.

실제로 와튼스쿨의 경우 신입생이 입학하면 자동으로 특정 팀에 배정된다. 국적과 인종, 직장 경력을 고려해 최대한 다양한 사람과 어울릴 수 있도록 학교에서 미리 짜주는 것이다. 그리고 정해진 과제를 수행하게 한다. 팀원들끼리 서로 돕지 않으면 과제를 마무리할 수 없게 돼 있으니 자연스럽게 리더십, 소통능력, 책임감이 길러지게 된다. 실제로 내가 기업에서 일했던 경험을 떠올려 보더라도 정말 다양한 종류의 사람들과 이야기를 하고, 의견을 교환하고, 문제를 해결하며 보냈다는 것을 알 수 있다.

나는 카카오톡 프로필에 '너무 가깝지 않게, 너무 멀지 않게'라고 썼다. 일과 관계에 있어 딱 그만큼의 거리가 있어야 오래 함께할 수 있다는 것을 그동안 내 곁을 지나간 사람들을 통해 깨달았다. 칼릴 지브란의 표현대로 "하늘 바람이 둘 사이에서 춤추게 하는 것"이 가장 좋은 관계역량의 표준이 아닐까 싶다.

개념화 능력을 훈련하라

개념화 능력은 콘셉팅이고 이는 하나에 집중하는 힘이다.

콘셉트는 어떤 작품이나 제품, 공연, 행사 따위에서 드러내려고 하는 주된 생각으로 일종의 '개념'으로 봐도 무방하다.

개념화 능력 중 하나가 바로 은유, 즉 메타포로 나도 알고 남도 알 수 있도록 선명한 이미지로 표현해내는 능력이다. 결국 개념화 능력은 무엇을 남길 것인지 해답을 찾는 것이다.

당신은 어떤 모습으로 기억되고 싶은가? 지금 하고 있는 프로젝트는 3년 후 어떻게 기억될까? 그렇게 목적의식을 가지고 일을 하면 내가 생각하는 결과와 클라이언트가 생각하는 결과가 같아진다. 간결한 은유나 그림이 천 마디의 말보다 훨씬 강한 법이다. 광고 카피의 힘을 생각해보라. 이미지, 슬로건, 그림, 은유에 온 힘을 쏟아 보자. 마치 자신을 광고에이전시에서 일하는 카피라이터라고 생각해보자. 어떤가? 자신의 일을, 자신의 프로젝트를 설명할 가장 간결하면서도 임팩트 있는 표현은 무엇인가?

나이키의 'Just do it'이나 유한킴벌리의 '푸르게 푸르게'는 그 어떤 설명보다 강력한 메시지를 전해준다. 내가 누구인지, 어떤 가치를 실현하려 하는지, 어떤 서비스(상품)를 제공할 수 있는지를 한눈에 알아볼 수 있게 은유나 그림으로 표현하는 훈련은 개념화 능력을 키우는 가장 강력한 방법 중 하나다.

아이디어를 글로 시각화하는 방법

개념화 능력을 강화시키는 가장 쉬운 방법은 바로 글을 쓰는 것이다. 그림을 보는 것처럼 생생하게 글로 표현하는 것 또한 일종의 시각화다.

"견해를 글로 명확하게 표현하는 능력과 주어진 주제에 대해 핵심을 빠뜨리지 않으면서도 가능한 한 간단하게 정확한 보고서로 작성하는 능력"이 전쟁 중 영국 해군에게 가장 중요한 자질이었다는 것을 알고 있는가?

1911년 영국 해군은 전시 참모단을 선발하는 시험을 보았는데, 그중 가장 중요하게 다뤄진 것이 바로 글쓰기 능력이었다.

당신의 프로젝트 예상 결과가 연말 이력서에 어떻게 추가될 것인지 한 문장으로 표현해보자. 이력서를 빛낼 프로젝트라면 상상만으로도 흥분될 것이다. 만일 아니라면 고쳐 쓰기를 반복해야 한다.

다음은 개념화 능력을 훈련하기 위한 글쓰기 노하우다.

먼저 하나의 주제를 정하고 그와 관련된 글을 10분 동안 써보자. 멈추지 않고 쓰는 게 중요하다. 고도로 초점화된 글쓰기 훈련법이다.

둘째, 기간을 정해놓고 쓰는 방법도 있다. 나는 1데이 1칼럼 100일간의 도전이라는 명목으로 '퍼스널 브랜드'라는 주제와 관련된 글을 쓴 적이 있다. 50여 일 만에 멈추긴 했지만 하나의 콘셉트에 집중하다 보니 해당 분야에 대한 깊이 있는 지식과 정보를 얻을 수 있다. 당신의 주력 분야와 관련된 주제를 정해 매일매일 글을 써보라. 그렇게 100일만 꾸준히 쓴다면 분명 달라진 자신의 인사이트에 스스로 놀라게 될 것이다.

셋째, 한 장의 사진을 보고 떠오르는 것을 10분 동안 쓰는 것이다. 이것도 기간을 정해 훈련할 수 있다. 나는 동상이몽이라는 콘셉트로 파트너와 함께 매일 번갈아가며 사진을 찍어 올리고 각자 자신의 주제에 맞게 글쓰기를 한 적이 있었다. 어떤 사진이라도 좋다. **중요한 것**

은 나의 주제에서 벗어나지 않고 관련지으며 글을 쓰는 것이다.

이외에도 글의 소재가 될 재료들을 모으는 과정도 개념화 능력을 향상시키는 데 도움이 된다. 자신의 분야나 주제에 대한 소재는 우리 생활 환경 곳곳에 널려 있다. 빨간색을 찾아야 한다고 주제가 정해지면 세상은 온통 빨간 거 천지다. 평소 의식하지 않고 보면 아무것도 기억나지 않지만 주제를 정하게 되면 온통 그것만 보이는 법이다. 결국 개념이 없다는 말은 세상 모든 것들을 의식하지 않고 그저 지나치며 산다는 뜻이다.

여기서 핵심은 바로 '특정 주제'에 초점을 맞춰야 한다는 것이다. 그것이 바로 콘셉트이고 개념이다. 하나의 이치로써 모든 것을 꿰뚫는다는 뜻을 지닌 '일이관지(一以貫之)'는 개념화 능력의 최고점에 해당한다. 하나의 콘셉트로 끝까지 주제를 잃지 않고 써내려갈 수 있어야 한 권의 책이 탄생할 수 있다. 그러므로 개념화 능력을 훈련시키고 발휘할 수 있는 최고의 방법은 바로 자신의 책을 쓰는 것이다. 내가 가진 생각과 경험을 하나의 개념화된 주제인 콘셉트에 맞게 한 권의 책으로 담아내는 것은 골드칼라로 살아가야 할 당신이 반드시 거쳐야 할 과정 중하나다. 말보다 강력한 것은 글이고, 글보다 더 명확한 것이 책이다. 기록된 기억을 소비하며 사는 게 바로 디지털 세상에서 사는 나와 당신과 같은 평범한 사람들이다.

두 개념을 융합하는 능력 키워야

글로벌 인재라고 하면 우리나라 사람들은 주로 의사소통능력과 연관짓는 경향이 있다. 하지만 외국인들이 생각하는 글로벌 인재의 조건은 오히려 개념화 능력에 가깝다.

2012년 주한영국대사관 초청으로 영국 7개 명문대학 총장들이 방한한 적이 있었다. 키이스 호가트(Keith Hoggart) 영국 킹스칼리지 런던대 부총장은 "글로벌 시대의 특징은 융합이다. 인문학자처럼 글 쓰고, 과학자처럼 분석해야 융합시대의 리더가 될 수 있다. 그러기 위해서는 학생들이 진정으로 관심 있는 분야를 전공으로 삼아야 하고, 분석력을 키워서 배운 지식을 다른 분야에 적용시킬 수 있어야 한다"고 했다.

두 개 이상의 개념이 더해지면 새로운 역량이 생기게 되고 글로벌 시대에는 이런 융합능력이 반드시 필요하다는 말이다. 융합은 자신의 전공 분야에 분석력을 더해 다른 분야에 적용능력을 키우는 것이라 정의내릴 수 있다.

김민태의《일생의 일》에 보면 융합이 어떻게 완성될 수 있는지가 나온다.

"지리학을 좋아해서 전공으로 택한 사람은 찰스 디킨스의 소설《두 도시 이야기》를 읽으면서도 자신만의 방식으로 도시를 창조해낼 수 있습니다. 소설 속에 등장하는 묘사 부분을 참조해서 당시의 도시 모습을 그려보는 것이죠. 조금 더 구체적으로 접근하다 보면 홍수, 폭우, 산사태가 일어나는 원인뿐 아니라 인간이 어떻게 자연재해를 방지하고 대처할 수 있는지도 공부하게 됩니다."

결국 자신의 전문 분야에 대한 깊은 지식과 분석력을 통해 개념을 명확히 하면 다른 분야와의 접목이 가능해지면서 진정한 융합을 만들어낼 수 있다는 말이다. 관련 분야의 책을 읽고, 그 책과 관련된 사람들을 만나 지식과 지혜를 쌓고 스스로 글을 쓰다 보면 절로 분석력이 생긴다.

"정작 문제는 사람들이 너무나 적은 지식을 갖고 있는 것이 아니라, 사실이 아닌 것들을 너무 많이 알고 있다는 것이다. 진짜 문제는 사람들이 책을 너무 안 읽는 것이 아니라, 도움이 하나도 안 되는 지식들을 머리 안에 채우는 것이다."

마크 트웨인의 말이다. 정보 과잉의 시대에 개념이 없이 살게 되면 모든 정보에 파묻혀 아무것도 찾아내지 못하게 될 것이다.

[Tip]
자신의 책을 쓰는 법

개념화 능력을 훈련하는 최고의 방법은 책을 쓰는 것이다. 자신의 생각과 경험을 하나의 개념화된 주제인 콘셉트에 맞게 한 권의 책으로 담아내는 것은 골드칼라로 살아가는 과정 중 하나다. 말보다 강력한 것은 글이고, 글보다 더 명확한 것이 책이다. 그렇다면 자신의 책을 쓰려면 무엇부터 해야 할까?

첫째, 우선 책을 쓰기 위한 마음먹기가 먼저다.

일단 마음을 먹어야 그 다음 무엇을 할지가 결정된다. 무슨 내용으로 쓸지, 어떻게 쓸지를 고민하면서 스스로 방법을 찾게 된다. 왜 이 책을 써야 하는지 생각해보라. 분명 마음 속 어딘가에 자리잡고 있는 가슴 뛰는 당신의 열망과 만나게 될 것이다. 나라는 사람을 증명하고, 누군가에게 인정받고 싶은 사람이라면 자신의 책을 써야 한다.

둘째, 출간 데드라인을 정하라.

언제 출간할지 정하고 나면 그때까지 해야 할 일정이 명확해진다. 아직 원고를 다 못 썼더라도 출판사가 확정됐다면 출판기념회 날짜를 정하는 것도 방법이다. 그럼 내가 언제까지 글을 써야 할지 마감일을 정할 수 있다. 일단 목표를 공개하고 나면 필요한 행동을 하게 되므로 목표를 이룰 확률이 높아진다. 출판 기념회 초대장을 만들어 주변에 알려보라. 막연하게 책을 쓰겠다는 생각보다 강력한 동인을 얻게 될 것이다.

셋째, 일단 써라.

나도 책을 처음 쓰기로 했던 8년 전에는 1데이 1칼럼이라는 원칙을 고수하며 글을 썼다. 매일매일 글을 쓰다 보면 아무리 명확한 주제를 가지고 글을 쓰기 시작했더라도 곧 밑천이 바닥날 것이다. 그러면 책을 읽고, 강연도 듣고, 자신의 모든 주파수를 글감을 찾는 일에 맞추게 될 것이다. 평소 의미없이 지나치던 광고문구, 드라마 속 대사 하나도 예사롭지 않게 들릴 것이다. 하나의 주제에 맞춰 모든 의식을 깨어있게 하는 것보다 더 강력한 개념화 훈련은 없다.

넷째, 글은 엉덩이로 쓰는 것이다.

글을 쓰기 위해 엉덩이를 의자에 붙이고 손가락을 키보드 위에 올려둬라. 글을 쓰려고 책상 앞에 앉기까지는 너무 많은 장애물을 넘어야 한다.. 데드라인이 얼마 남지 않았는데도 괜히 페이스북 타임라인을 확인하고, 중요하지도 않은 이메일을 열어보며, 쓸데 없는 문자에 답장을 보내는 식이다. 글이 안 써질수록 핑계대지 말고 오랜 시간 버티고 앉아 있어야 글이 나온다.

증명화 능력으로 승부하라

"측정할 수 있는 성과만 인정한다."

꿈의 직장이라 불리는 구글의 일하는 방식이다.

자유롭게 일하는 시간과 장소를 선택할 수 있고 최고 수준의 복지제도를 가졌다는 이유로 사람들은 구글을 신의 직장이라고까지 부른다. 하지만 구글에서 일하면서 다양한 복지를 누리려면 그에 걸맞는 성과를 만들어내야 한다. 그리고 모든 성과는 측정할 수 있을 때 가치가 있다. 성과를 만들기 위해 야근을 했다거나 다른 팀 누군가를 도왔다거나 하는 내용에는 관심이 없다.

"일과 개인생활의 균형(work/life balance)이 있을 수가 없다. 구글에서 제공하는 복지 등 비금전적 혜택이 도움이 될 거라는 생각은 착각이다. 주말이나 휴가 때 정말 쉬는 사람을 본 적이 없을 정도다. 구글은 주말에도 일하라고 말하지는 않지만 직원들을 회사에 머물게 하고 더 생산적으로 일할 수 있게끔 유도한다. 쉬지 않고 일하는 것이 구글의 문화가 된 지 오래다."

한때 구글러였던 사람의 말이다.[10]

지금까지 우리는 주로 가능성을 보여주는 인풋(input) 데이터에 의해 그 사람을 판단했다. 그가 어디에서 무엇을 배웠고, 어떤 자격증을 가지고 있고, 어떤 네트워크에서 활동했다는 것만으로도 그 사람을 충분히 안다고 여겼다. 기업에서 직원을 채용할 때도 일단 이 정도면 됐다 싶은 인풋 데이터를 가진 사람들의 가능성을 믿었고, 그들에게 기회와 보상을 주며 필요한 기술이나 지식을 발휘할 수 있도록 보장해왔다.

그런 시대에는 실제로 내가 무엇을 얼마나 제대로 잘 해내는가보다 그 일을 잘할 수 있을 것 같은 기대감을 심어주는 게 먼저였다. 그리고 그런 기대감을 확신으로 만들어주는 게 바로 각종 자격증이었다. 자격증만 있으면 일단 내가 그 분야에서 일할 수 있다는 것을 증명하는 데이터로 충분했다.

그렇다고 자격증 가진 사람 모두가 자신을 증명하는 데 성공한 것은 아니었다. 그것은 겨우 다른 사람들이 만든 무대에 올라갈 자격이 있다는 것을 증명했을 뿐이니까. 무대를 만든 사람이 지시하기 전까지 나는 아무것도 하면 안 되고, 실제로 할 수도 없었다.

이제 사회가 변했다. 자격증이 아닌 실제 그 사람이 그 일을 해낸 결과물, 즉 성과 포트폴리오로 그 사람의 수준과 능력을 검증하는 시대가 되었다. 문제는 포트폴리오라는 게 자신이 직접 도전하고 경험해서 만들어내는 아웃풋(output) 데이터라는 것이다. 게다가 아웃풋 데이터는 검증단계까지 시간이 걸리고 그 긴 시간 동안 아무도 그가 쏟아붓고 있는 노력과 열정에 제대로 관심을 주거나 보상을 하지 않는다는 것이다. 내가 그 일을 잘할 수 있다는 것을 직접 무대를 만들어 보여주기 전에는 아무도 인정하지 않는 시대가 된 것이다.

희소식도 있다. IT기술의 눈부신 발전으로 인터넷으로 연결된 세상을 통해 내가 어떤 사람이라는 것을 얼마든지 보여줄 수 있게 된 것이다. 그것도 아주 빠르고 싸게! 물론 한두 번 보여준다고 해서 모두 다 인정받는다는 말은 아니다. 과거 인풋 데이터를 통해 내가 어떤 사람인지를 증명하기 위해 긴 시간과 많은 돈을 썼던 방식을 이젠 직접 자신의 프로젝트에 쏟아부으며 다양한 시도를 해야 한다. 그것도 인정을 받을 때까지 해야 한다. 그러다 보면 생각지도 않았던 성공을 마주하게 될 것이다. 물론 돈을 더 많이 벌 수도 있다.

실행 결과가 당신의 몸값을 결정한다

증명화 능력은 한마디로 '판매역량'이라고 할 수 있다. 내가 하는 모든 과정이 마케팅이라 여기고 판매에 도움이 되는 일이라 여겨야 한다. 사실상 팔리지 않으면 내가 가진 재능이나 기술은 쓸모없는 것이나 마찬가지다. 돈을 받고 팔든, 나에게 필요한 것과 맞바꾸든 중요한 것은 내가 팔려야 한다는 것이다. 그것을 가능하게 하는 것이 바로 증명화 능력을 키우는 것이다.

판매역량을 높이고 상대방을 설득하는 데 도움이 되는 단어들이 있다. 다음은 높은 성과를 올리는 사람들이 사용하는 마법과도 같은 16개의 단어다.

우리, 결과, 돈, 보장하는, 쉬운, 건강, 새로운, 안전한, 무료,
방법, 지금, 절약하는, 기쁨, 사랑, 증명된, 이익을 주는

이런 단어들을 자주 쓰게 되면 당신에게 긍정적인 이미지가 더해질 것이다.

피카소의 일화 중에도 증명화 능력의 가치를 고스란히 보여주는 이야기가 있다. 어느 날 피카소가 시장을 걷고 있을 때였다. 손에 종이를 든 한 여자가 다가와 피카소에게 말했다.

"피카소 씨, 나는 당신의 열렬한 팬이에요. 이 종이에 그림 하나만 그려주세요. 댓가는 치르겠습니다."

잠시 후 피카소는 미소를 지으며 작지만 아름다운 초상화를 그려주었다. 피카소는 그림을 30초 만에 그렸다.

그 여자에게 종이를 건네면서 피카소는 말했다.

"이 그림의 가격은 50만 달러입니다."

여자는 깜짝 놀라 물었다.

"피카소 씨, 농담이시죠. 이 그림을 그리는 데 겨우 '30초' 밖에 걸리지 않았잖아요."

피카소는 웃으며 답했다.

"당신을 그리는 데 걸린 시간은 30년 30초입니다."

그랬다. 피카소가 그 초상화를 그리기까지 걸린 시간에는 그가 자신의 재능을 찾고 끊임없이 붓을 놀린 지난 30년이 포함된 것이다.

그렇게 30초에 깃든 '예술의 가격'이 돈으로 환산하기 어려운 것처럼 아이디어 노동자로 살아야 하는 골드칼라들 또한 그들이 가진 재능, 기술, 아이디어, 지식들도 정확한 금액을 매기기 어려운 게 사실이다. 그러나 골드칼라는 자신의 일에 대한 가치를 스스로 매길 수 있어야 한다. 자신의 시간당 몸값을 정하고, 그대로 시장에서 거래 가능한지를 지속적으로 확인하면서 구체적으로 원하는 수준까지 끌어올리는 시간을 견뎌야 한다.

하겠다는 생각이 아닌 실제 해낸 결과들이 당신의 몸값을 결정하는 잣대가 될 것이다. 필요한 행동을 하기 위해서는 구체적인 목표가 있어야 한다. 당신은 하루를 어떻게 보낼지 일정표를 짜야 하고, 그대로 움직일 수 있는 자기주도성을 갖춰야 한다.

당신의 일정표에는 'To do list'와 'Not to do list'가 표시되어 있어야 한다. 일어나면 하루에 무엇을 해야 하는지를 확실하게 아는 것과 해도 그만 안 해도 그만인 일을 모호하게 머릿속으로만 떠올리는 것은 분명 성취와 관련이 있다. 매일매일 해야 할 일을 목록으로 작성해 보라. 그리고 하지 말아야 할 일의 목록도 적어 보라. 실수를 줄여주는 부적이 될 것이다.

내가 가진 재능이나 아이디어를 개념화한 후 실행하다 보면 시작해야 할 것(Start), 멈춰야 할 것(Stop), 지속해야 할 것(Continue)이 무엇인지 알 수 있게 된다.

자신의 가치를 증명하는 법

가장 짧은 시간 동안 당신을 증명할 수 있는 방법 중 하나가 바로 프레젠테이션이다. 효과적인 프레젠테이션을 위해 건축, 디자인 분야에서 많이 사용되는 '페차쿠차'를 시도해보자.

일본어로 '재잘재잘' 이야기하는 소리를 뜻하는 페차쿠차는 20초 간격으로 총 20장의 슬라이드를 사용해 발표하는 방식이다. 슬라이드 한 장당 발표 20초! 그렇게 20장의 슬라이드를 발표하는 데 총 6분 40초가 걸린다. 그 시간 동안 각 이미지와 워드에 어울리는 발표를 해야 한다. 더도 말고 딱 슬라이드 한 장당 20초의 룰이다. 군더더기 없는 프레젠테이션을 하기 위한 최적의 훈련법이다.

자신을 잘 파는 기술은 결국 말하기에 달렸다. 어떻게 말하느냐에 따라 그 물건을 살 것인지 말 것인지가 결정되기 때문이다. 말하는 기술은 크게 강의술과 프레젠테이션술로 나뉜다. 아는 것과 가르치는 것은 별개다. 이해하는 것과 설득하는 것도 별개다. 가장 명료하게 자신의 제품을 잘 팔았던 사람은 스티브 잡스다. 이야기에 집중하다 어느새 그의 신제품을 살 수밖에 없었던 이유는 바로 그만의 특별한 기술이 있었기 때문이다.

스티브 잡스식 프레젠테이션

스티브 잡스식 프레젠테이션은 우선 슬라이드에 '글이 없다'는 게 특징이다. 그는 보여주는 프레젠테이션이 아니라 말하는 프레젠테이션을 한다. 즉 그의 핵심은 이야기이다. 그의 이야기는 아리스토텔레스의 설득력 있는 주장 5단계를 따른다고 한다.

1단계 : 청중의 관심을 자극하는 이야기를 꺼낸다.

2단계 : 해결해야 할 문제나 대답해야 할 의문을 제기한다.

3단계 : 제기한 문제에 대한 해결책을 제시한다.

4단계 : 제시한 해결책에 따른 구체적인 혜택을 설명한다.

5단계 : 행동을 요청한다. "이제 가서 사세요."

스티브 잡스는 쇼를 하듯 무대를 장악하고 시연, 동영상 상영, 초대 손님 등을 동원해 1시간 30분 넘게 청중들의 시선을 고정시킨다. 그는 완벽한 프레젠테이션을 위해 반복적으로 연습을 했다고 한다. '끝없는 반복'은 잡스식 프레젠테이션의 두 번째 특징이다. 그러니까 프레젠테이션의 고수라 할 스티브 잡스 또한 완벽에 가까운 반복적인 연습으로 놀라운 기술을 습득했다는 이야기다.

이런 이야기를 듣고 나면 스티브 잡스에 더 신뢰가 간다. 그냥 운이 좋아서 그런 명성과 부를 차지한 게 아니라는 것을 알 수 있기 때문이다. 나는 나를 팔기 위해, 나의 신제품을 알리기 위해 어떤 기법을 활용하고 있는가? 그 기법을 완벽에 가깝게 반복적으로 훈련하고 있는가? 이런 질문을 통해 나는 어느 정도 준비되어 있는지 스스로 점검하는 것은 언제든 유효한 처방이다.

포모도로 기법

능력을 증명하기 위해서는 몰입의 시간이 필요하다는 것은 이미 알고 있을 것이다. 하지만 생각만큼 몰입하지 못하는 대다수의 사람들에게는 뭔가 특별한 훈련이 필요해 보인다. 그럴 때 집중력을 높이고 성과를 만들 수 있는 훈련법 중 하나가 바로 포모도로 기법(PomodoroTechnique)[11] 이다.

포모도로는 타이머가 장착된 일종의 시계다. 이것은 25분 집중과 5분 휴식을 반복하는 방법이다. 대중적으로 잘 알려진 이 방법은 효과가 뛰어나다.

1단계 : 해야 할 일이 무엇인지 결정한다.
2단계 : 타이머를 25분으로 설정한다.
3단계 : 타이머가 울릴 때까지 그 일만 한다.
4단계 : 표를 만들어두고 완수했을 경우 거기에 체크를 한다.
5단계 : 짧게 휴식을 취한다(3~5분).
6단계 : 네 번의 '포모도로'를 마칠 때마다 조금 긴 휴식을 취한다
(15~30분).

나도 이 책을 쓰는 동안 비슷한 방법을 이용했다. 100퍼센트 충전한 노트북의 배터리가 한 자리수가 될 때까지 지속적으로 쓰겠다고

다짐한 것이다. 에버노트로 글을 쓰는 데 실제로 배터리가 4~5퍼센트가 되면 자동적으로 충전하라는 경고 메시지가 뜬다. 그때가 바로 내가 쉴 수 있는 순간이다. 그렇게 하루 두 번 노트북 충전 주기에 맞춰 글을 쓰면 대략 5시간에서 6시간 정도 집중해서 글을 쓸 수가 있다.

자신의 내면을 다른 사람들이 알아보게 하는 능력

증명화 능력은 결국 내면에 있는 것을 외부로 꺼내 다른 사람들이 알아볼 수 있게 만드는 능력이다. 이를 간략하게 정리하면 다음과 같다.

- 소셜 퍼포먼스 리뷰 능력 : 아이디어가 실행되어 온라인으로 좋은 평판을 얻어내는 능력
- 홍보력 : 소셜 네트워크를 활용하여 내 능력(지식, 경험, 기술)을 필요한 사람에게 전달할 수 있는 능력
  -Who : 누구를 대상으로 알릴 것인가? 무엇을, 얼마나 자주, 어떤 시간에, 어떤 형태로 전달할 것인가
  -Where : 어디에서 알리고 팔 것인가? 당신의 마켓은 어디인가?

- 표현력 : 온-오프라인에 자신의 콘텐츠를 전달할 수 있는 힘
  - 온라인 : 디지털상에서 알아볼 수 있게 만드는 능력 / 이미지 화 (멀티콘텐츠 제작 및 발행 능력) / 이미지화, 카드뉴스, 포스터, 동영상, 제안서, PPT 등
  - 오프라인 : 강의, 프레젠테이션, MC, 퍼실리테이팅 등

아이디어가 오프라인에서 진행되는 과정을 온라인 각 채널(블로그, 카페, 포스트, 유튜브, 페이스북, 인스타그램, 카카오스토리 등)에 맞는 콘텐츠로 기획하고 발행할 수 있는 능력을 디지털 능력이라 하는데 이는 유엔미래보고서 2020, 2030에 소개된 유망직업 19위에 오른 개인 브랜드 홍보전문가에게 필요한 능력이다.

콘텐츠 제작에는 젬병인 사람들에게 희소식이 있다. 각종 앱이나 온라인 서비스를 통하면 공짜로 그럴듯한 수준의 콘텐츠 제작이 가능해지고 있다. 페이스북 슬라이드 영상 서비스는 사진만 찍을 수 있으면 다양한 효과까지 가미해 멋진 작품을 만들 수 있고 페이스북 생방송을 통하면 움직이는 당신 자체가 그대로 콘텐츠가 된다. 직접 당신의 매력을 어필해보라. 의외로 어렵지 않음에 스스로 놀랄지도 모른다.

이젠 무언가 하고 싶다면 그냥 그것을 하면 된다. 여기에 딱 하나를 추가한다면 바로 어떤 목표를 세우든지 실질적인 마감시한을 명시하라는 것이다. 공개된 마감시한은 당신의 실행력을 높이는 데 결정적

인 역할을 한다. 책을 쓰겠다는 다짐이 아닌 출판기념회 초대장을 발송해보라. 아마도 당신은 무엇을 하더라도 책을 쓰기 위해 집중하고 있는 자신을 발견하게 될 것이다.

당신이 취업을 했든, 창업을 했든, 독립을 했든 그 자리에서 인정받고 살아남는 길은 결국 당신의 탁월함을 증명해내는 것뿐이다. 그런 과정을 거쳐야 비로소 내가 하고자 하는 일을 하고 머물고 싶은 곳에 머물 여유가 생긴다. 그런 삶을 바라고, 그 길을 가는 이가 바로 골드칼라들이다.

자신이 골드칼라임을 증명하기 위해서는 다음 세 가지 능력을 갖춰야 한다.

첫째, 마케팅은 기본이다. 잘 팔릴 만한 것을 기획하고 만들어내며 실제로 잘 파는 것이 중요하다. 그러기 위해서는 고객을 생각하고 만드는 게 먼저다. 고객을 먼저 찾아가고 그들을 대상으로 자신이 팔 수 있는 서비스(재능, 정보, 기술, 물건 등)를 팔아보는 경험이 필요하다. 특히 지식서비스를 제공하는 회사들은 모든 업무가 판매와 관련되어 있다. 프로젝트가 결정되면 온라인 포스터를 공개하고, 소셜 방송을 하고, 책을 발간하고, 뉴스나 잡지에 소개되는 것과 같이 외부의 명성을 쌓는 일이나 각계각층의 다양한 사람들과 돈독한 네트워크를 쌓아가는 일까지 모두 마케팅 활동에 포함된다.

둘째, 제조(making) 능력을 갖춰야 한다. 당신의 핵심역량으로 완벽하게 만들어낼 수 없다면 그 능력을 가진 사람이나 업체를 아웃소싱할 수 있어야 한다. 보다 저렴하게, 보다 빠르게, 보다 효율적으로 결과를 만들어낼 수 있는 당신만의 구체적인 업무능력은 무엇인가? 당신은 무엇을 할 수 있는 사람인가? 어떤 기술을 가지고 있는가?

셋째, 브랜딩(branding)은 필수다. 오프라인에서 이루어지고 있는 모든 과정이 온라인 채널을 통해 콘텐츠로 유통되는 과정이 곧 브랜딩이다. 왜 그 일을 하는지, 그 서비스는 왜 필요한지, 다른 경쟁자들과 어떻게 차별화할 것인지, 당신이 이 서비스를 이용하게 되면 어떤 혜택이 주어지는지, 지금까지 어떤 사람들이 이 서비스를 이용했는지 등을 온-오프라인으로 증명하는 과정 모든 게 브랜드의 자산이 된다.

자신이 신뢰할 만한 사람임을 증명하라

"어떤 일을 하든 그 일을 믿고 맡길 수 있는 사람이 돼야 해. 양복이든, 주먹이든. 신뢰가 생명이지."

JTBC 드라마 〈라스트〉에서 서울역 서열 1위 곽흥삼 역의 이범수가 서열 7위 장태호 역의 윤계상에게 해준 말이다. 주먹 세계에서도 신뢰는 중요한 모양이다. 그런데 여기서 말하는 신뢰는 우리가 흔히 생각하는 신뢰와는 뭔가 뉘앙스가 다르다.

일을 하는 데 있어서 믿고 맡길 수 있으려면 그 사람의 실력이 예측 가능해야 한다. 내가 기대한 수준을 벗어나지 않을 거라는 믿음이 쌓여야 신뢰가 생긴다. 일하는 수준은 당연하고 마감시한 내에 그 일을 마무리할 수 있다는 것을 믿을 수 있을 때 신뢰가 생긴다.

일에 있어서 믿고 맡길 수 있는 사람이라는 평판을 얻으려면 일을 잘하는 것과 데드라인을 잘 지키는 것 두 가지가 병행되어야 한다. 당신은 예측 가능한가? 어떤 수준으로 일을 하는지, 정해진 기한 내에 끝까지 해내는지를 보면 된다.

결국 내가 증명해야 하는 것은 바로 나 자신이 신뢰할 만한 사람이라는 것이다. 믿고 뭐든 맡겨도 좋다는 것을 증명하는 것이 골드칼라의 핵심역량이 될 것이다.

다음은 중국 알리바바의 창업자 마윈(馬雲) 회장이 홍콩에서 온 대학생 2,000여 명을 상대로 한 강연 내용 중 일부이다.

"많은 사람들은 주위에 돕는 사람이 없다며 운이 없다고 하소연한다. 돕는 사람이 없는 게 정상이다. 창업을 했는데 돈을 빌릴 수 없다며 운이 없다고 한다. 돈 빌리기 힘든 게 정상이다. 어디를 가도 젊은이들은 막막하다고 한다. 그것 역시 정상이다.

나도 28세 이전에는 무엇을 해야 할지 몰랐다. 빌 게이츠도 막막함을 겪었다. 여러분이 길을 찾기 전에, 막막함을 느끼는 건 매우 정상이다. 막막한 건 부끄러운 게 아니다.

나는 일자리를 얻기 위해 20여 곳을 찾았다. 다섯 명의 동창이 경찰학교 시험을 봤는데 한 명 떨어졌다. 그게 나였다. KFC에 24명이 시험을 쳐서 23명이 붙었는데 나만 떨어졌다. 작년에 당시의 KFC 채용 담당자를 만났다. '당신을 뽑지 않은 건 하늘이 당신으로 하여금 남을 위해 일하는 대신 스스로 일을 하도록 안배한 것'이라고 하더라.

　용기있는 상인이 돼야 한다. 당신 자신을 위한 일을 하면 보통사람이지만, 다섯 명을 위한 일을 맡으면 팀장이 되는 것이고, 13억 명을 위한 일을 맡겠다고 나서면 시다다(習大大, 시 아저씨, 시진핑의 애칭)가 되는 것이다."

　역시 세상에 공짜 점심은 없어 보인다. 누구나 기억할 만한 큰 성공을 한 사람들도 그들 자신을 증명하기 위해 막막함이라고 하는 큰 강을 건넜다. 운이 없다고 말하지 말고, 돈이 없다고 말하지 말고, 꿈이 없다고 말하지 말자. 결국 나를 증명해내는 가장 큰 능력은 하겠다고 한 일을 세상이 알아볼 때까지 지속하는 힘이다.

홀로 천천히 자유롭게

꿈을 묻는 사람은 많지만 실제로 그 꿈을 이루고 사는 사람은 드물다.

'가족과 함께 세계여행하기'는 사람들의 버킷리스트에 가장 많이 담기는 꿈이다. 하지만 내 주변에서 그 꿈을 실제로 이룬 사람을 본 적이 없다. 조금 더 일하고, 조금 더 벌고, 조금 더 성공하고 난 후에 해야 하는 일이라고 생각하기 때문이다. 그렇게 우리들 대부분은 우리의 꿈을 유보하며 산다.

그런 이들에게 묻고 싶다.

"지금 행복하세요?"

20대에 그 꿈을 이룬 이가 있다. 자신의 사업체를 팔아치우고 가족과 세계여행을 하는 미국의 자산가 개렛 지(Garrett Gee)가 그 주인공이다.

개렛은 바코드 등을 찍어 해당 정보와 연동시키는 모바일 애플리케이션 '스캔(Scan)'을 스냅챗에 5,400만 달러(약 620억 원)에 매각하고 동료들과 공평하게 배분했다. 그는 세계여행 밑천을 마련하는데 스캔의 매각대금에는 손대지 않았다. 대신 집을 포함해 25년간 소유했던 불필요한 물건들을 팔아치워 마련한 5만 달러(약 5,700만 원)로 개렛은 아내와 두 아이들과 함께 세계여행을 시작했다. 그들이 더버킷리스트패밀리(thebucketlistfamily)라는 계정으로 운영하는 인스타그램에 한국에 입국하는 모습의 사진이 올라오기도 했다.

♥ 좋아요 20,863개
thebucketlistfamily 여보세요!! We have safely arrived!!
♥♥♥ UPDATE : we are alllllmost halfway to our
fundraiser goal!! We've left Nepal but our fundraiser
still has 26 days left!! You can track the progress on

개렛 지와 아들이 인천국제공항에 도착한 모습
출처 : 더버킷리스트패밀리 인스타그램

개럿은 "스캔을 매각해 많은 돈을 거머쥐게 됐다고 해서 여행하는데 비싼 비행기표나 호화 호텔에 돈을 펑펑 쓸 생각이 없었다"고 말한다. "대신 지극히 평범하고 소박하게 여행을 이어갔다. 가장 싼 비행기표를 사고 짐도 많이 챙기지 않았다. 현지에서 옷을 사 지역민들처럼 입고, 방문한 곳을 배우고 그들과 함께 살아가고 싶기 때문이다."

개럿 부부는 여행을 통해 "우리는 적은 것으로도 행복을 찾는 법을 배웠고 더 열린 마음이 됐다"고 한다.[12] 이들 부부는 다른 사람들이 꿈이라고 말하는 삶을 지금 현재 즐기며 살고 있다. 이들에게 있어 행복은 가장 사랑하는 가족과 지금 현재를 즐기는 것 아닐까.

당신에게 있어 행복은 무엇인가?

하버드대학 심리학자들의 연구 결과 행복을 가늠하는 척도는 '지금 무엇을 하고 있는가?'가 아니라 '지금 하고 있는 일에 얼마나 집중하고 있느냐?'이다. 진정한 행복은 자신이 좋아하는 일로 먹고 살아가며 자급자족하는 법을 배워가는 것이고 삶을 함께 즐길 수 있는 평생의 친구를 사귀는 것이다. 일과 사랑을 자신의 수준에 맞게 저글링할 수 있는 것, 그것이 바로 행복이다.

이상한 나라의 앨리스는 토끼에게 물었다.

"나는 어디로 가면 돼?"

"넌 어디로 가고 싶은데?"

"아직 잘 모르겠어."

"그럼 아무데로나 가."

어디로 가고 있는지 모르고 있다면, 어느 길을 선택하든 관계없다. 선택한 그 길에도 얼마든지 행운과 행복이 자리잡고 있을 테니까.

아리스토텔레스는 '그만하면 충분하다(enough)'에 대해 다음과 같이 말했다.

"충분한 것이 어느 정도인지를 금액으로 규정하지 못한다면 우리는 결코 진정 자유로울 수 없다. 자유롭게 삶의 목표나 우선순위를 정할 수 없다. 자발적으로 고용주의 노예가 되어 타인의 우선순위에 복종하며 살아야 한다. 내 기준이 없기 때문이다."

무엇을 할 것인가보다 어떤 사람이 될 것인가를 정하는 것이 먼저다.

진정으로 소중하게 생각하는 것은 무엇인가?

스스로를 어떤 사람으로 정의하고 싶은가?

다른 사람이 자신을 어떻게 봐주기를 바라는가?

이런 질문에 스스로 정직해져야 한다.

펭귄효과를 아는가? 펭귄은 먹이를 구하기 위해 바닷물 속에 뛰어들어야 하지만 천적에 대한 두려움 때문에 쉽게 뛰어들지 못한다. 그러다가 한 마리가 물속으로 들어가면 다른 펭귄들도 따라서 같이 들어간다. 펭귄효과란 어떤 제품에 대해 확신을 갖지 못하다가 주위의 누군가가 사게 되면 선뜻 구매 대열에 합류하는 현상을 가리킨다.

이제 당신은 누군가가 등 떠밀기 전에 스스로 뛰어내리는 펭귄이 되어야 한다. 골드칼라로 살아가야 할 당신이 하는 일에 대해 어느 누구도 처음부터 관심을 주거나 거래를 하지 않을 수 있다. 하지만 많은 사람이 당신을 지켜보고 있고, 당신이 하는 것을 보고 그대로 따라하려고 준비하고 있다고 생각해보자.

내가 지금처럼 살기 시작한 초반에는 그 어떤 사람도 나를 부러워하거나 존경하지 않았고, 심지어는 낙오자로 보는 사람도 있었다. 아마 대부분의 무소속 프리랜서로 살아야 하는 사람들이 초반에 감당해야 하는 시선일 것이다. 그럼에도 불구하고 나는 하고 싶은 일을 위해 그때그때 해야 할 일을 프로젝트로 만들고, 그 일을 해내면서 묵묵히 내 길을 걸었다. 그렇게 시간이 지나 조금씩 내가 누구인지 알려지기 시작하면서 나처럼 살고 싶어하는 사람들이 하나 둘 늘어났다. 이젠 한 번도 만나지 않았던 사람들조차 관심과 존경이 담긴 편지를 보내오고, 온라인 플랫폼을 통해 일을 의뢰하고, 함께하자는 제안이 많이 들어온다. 그렇게 나는 홀로 천천히 자유롭게 노는 펭귄이 되었다.

최근 유난히 '자존감'이라는 단어가 많이 회자된다. 심리학자를 비롯해 많은 사람들이 말하는 자존감이라는 것에 대해 나는 이렇게 생각한다. 하겠다고 말한 것을 해내면 스스로 자신감이 생길 것이고, 언제든 좋은 것을 나누고 맛있는 것을 함께할 사랑하는 사람들이 곁에 있다면 자존감이 생길 것이다. 그렇게 지속적으로 살아가다 보면 저절로 자신에 대해 인정하게 되고 자존감은 저절로 높아진다는 말이다.

실제로 행복해지려면 감성자산을 지녀야 한다. 감성자산은 스스로를 이해하고 자신이 내리는 선택을 성찰할 수 있는 능력이다. 또한 용기 있는 행동을 하고자 할 때 대단히 중요한 감정적 회복력과 의연함을 기르는 능력이기도 하다. 가장 중요하게는 행복한 인생이 무엇인지, 자신의 가치관과 일 사이에서 조화를 이루려면 어떻게 살아야 하는지를 이해하고 거기에 맞는 선택을 하는 능력을 의미한다.

당신에게 주어진 시간은 한정되어 있다. 남의 인생을 사느라 시간을 허비하지 말라던 스티브 잡스의 스탠포드대 졸업식 연설을 기억하는가? 지금 당신은 자신의 인생을 살고 있는가 아니면 남의 인생을 살아내고 있는가?

미국의 저널리스트 크리스토퍼 몰리(Christopher Morley)는 훌륭한 삶의 조건으로 세 가지를 꼽는다. 배우는 일과 돈버는 일 그리고 무엇인가 하고 싶은 일을 적절하게 하면 된다. 이 책에서 지속적으로 이야기했던 다양한 포트폴리오의 구성 요건과 크게 다르지 않다. 그러니까 앞으로는 행복해지기 위해서 일해야 한다. 일하는 이유가 단지 먹고 살기 위해서만이 아니어야 한다는 말이다.

무언가 배우고 있다는 것은 다른 가능성을 스스로 만드는 것이라고 믿자. 지금 돈 버는 일을 하고 있다면 현재를 살아가는 데 지장이 없으니 행복하다고 여기자. 무엇인가 하고 싶은 일을 하고 있다면 가슴 뛰는 일일 것이기에 행복하다고 생각하자. 당신이 어떤 삶을 살든 그 삶은 그대로 충분히 가치가 있다. 어떻게 살든 홀로 천천히 자유롭게 살아가자.

이 책이 앞이 보이지 않는 막막함과 맞서 오늘을 살아가고 있는 모든 이들에게 조금이라도 힘이 되기를 바란다.

주(注)

1) '10년 후 "사라질 직업", "없어질 일"은?', 〈로봇신문〉, 2014. 11. 11.

2) '감정 주고받는 가족? 일자리 뺏는 라이벌? 로봇, 넌 누구니', 〈서울신문〉, 2015. 7. 14.

3) 애자일컨설팅 블로그, '가장 학습하기 힘든 직업이 살아남는다', 2016. 7. 14.

4) 'SNS 올린 작품 본 애플 "면접보러 오세요"', 〈동아일보〉, 2014. 11. 14.

5) '안주원 "구글러에서 주모로, 셰프로 부르진 마세요"', 〈채널예스〉, 2015. 6. 30.

6) '젊어진 백팩으로 케냐에 빛을' 23세 女기업가의 위대한 도전, 〈헤럴드경제〉, 2016. 9. 14.

7) "코딩 해보겠습니까" 검색창에 특정 키워드 입력한 인재에 입사 제의, 〈조선일보〉, 2016. 9. 24.

8) '돈 되는 곳 찾아내 연결… 지금 잘 나가는 기업은 모두 '미들맨'', 〈조선일보〉, 2015 8. 22.

9) '비즈니스 리더에 꼭 필요한 건 뉴 하드 스킬', 〈조선일보〉, 2015. 9. 12.

10) '구글 직장생활, 행복하기만 할 것 같다고?', 〈머니투데이〉, 2015. 10. 05.

11) 포모도로 기법은 스티븐 기즈의 《지금의 조건에서 시작하는 힘》(북하우스, 2015)에서 참고함.

12) "'전재산 팔고 가족과 세계여행' 美 '버킷리스트 부호 가족' 한국 입성', 〈헤럴드경제〉, 2016. 8. 12.

참고문헌

- 김영세 지음, 《퍼플피플 2.0》, 스타리치북스, 2016.
- 데이비드 마이스터 외 지음, 정성묵 옮김, 《신뢰의 기술》, 해냄, 2009.
- 로버트 기요사키 지음, 안진환 옮김, 《왜 A학생은 C학생 밑에서 일하게 되는가 그리고 왜 B학생은 공무원이 되는가》, 민음인, 2014.
- 마이클 오스본 외 지음, 〈고용의 미래: 우리의 직업은 컴퓨터화에 얼마나 민감한가(The Future of Employment: How Susceptible are Jobs to Computerisation?)〉, 2013.
- 마이클 퍼틱 외 지음, 박슬라 옮김, 《디지털평판이 부를 이룬다》, 중앙북스, 2015.
- 박영숙 외 지음, 《유엔미래보고서》, 교보문고, 2014.
- 오연호 지음, 《우리는 행복할 수 있을까》, 오마이북, 2014.
- 제레미 리프킨 지음, 이영호 옮김, 《노동의 종말》, 2005.
- 조연심 지음, 《과정의 발견》, 카시오페아, 2015.
- 조연심 지음, 《나는 브랜드다》, 미다스북스, 2011.
- 찰스 핸디 지음, 강혜정 옮김, 《비이성의 시대》, 21세기북스, 2009.
- 찰스 핸디 지음, 김진준 옮김, 《홀로 천천히 자유롭게》, 생각의 나무, 2000.
- 톰 피터스 지음, 김영선 옮김, 《와우 프로젝트》, 21세기북스, 2011.
- 패트릭 맥기니스 지음, 문수민 옮김, 《나는 직장에 다니면서 12개의 사업을 시작했다》, 비즈니스북스, 2016.
- 피터 드러커 지음, 이재규 옮김, 《프로페셔널의 조건》, 2001.
- 하이럼 스미스 지음, 이경재 옮김, 《성공하는 시관관리와 인생관리를 위한 10가지 법칙》, 김영사, 1998.
- 허미니아 아이바라 지음, 이영래 옮김, 《아웃사이트》, 시그마북스, 2016.